Усе тимчасово

Усе тимчасово

Невеликі імпульси для легшого життя

Маріо Лопес

Усе тимчасово

Невеликі імпульси для легшого життя

Оригінальна назва: Alles ist temporär
Автор: Маріо Лопес
Published by: ML Publishing
Маргаретенштрассе 7
47226 Дуйсбург, Німеччина
Website: www.ml-publishing.com
Email: book@ml-publishing.com

Примітка видавця: ця книга містить, серед іншого, особистий досвід і роздуми автора.

Перше видання: 2026
ISBN: 978-3-912373-29-5

Дизайн обкладинки: Міко Лопес
Редактура: Анна Лихацька

ЗМІСТ

Кілька слів перед початком 1
Вступ 3
Найдавніший доказ? 5
Carpe Diem — цей день тимчасовий 7
Не сприймай це так близько до серця, бо все тимчасове 9
Смерть 11
Відчуй біль 13
Здаватися — не варіант 15
Мій шкільний період як дитини гастарбайтерів 19
І це теж мине 21
М'ясник 23
Ілюзія контролю 25
Вуличний кіоск із їжею 27
Втрата і здобуток 29
Досвід, який змінив усе 31
Мій перший шлюб 33
Відеоклуб VHS 35
Батько одинак 37
Смерть — частина II 39
Аутинг 41
Цінність миті 43
Пошуки віяла 45
На пляжі 47
Дратує дорожній рух? 49
Зміни 51
Здоров'я — найцінніше благо 53

Сенс мого життя 57
Що залишається, коли все минає 59
Прощання 61
«Стіна» 65
Цвях і сокира 69
Затор на А44 75
Піщинка в Чумацькому Шляху 77
Чи все тимчасове? 81
Час відносний 85
Мобільний телефон 87
Що залишається? 91
Погляд назад 93
Коли діти йдуть з дому 95
Тихий новий початок 97
Шлях до першої книги 99
Благословенний тим, що можу робити те, що люблю 101
Наступний розділ 105
Довше, коротше 109
Пара 113
Підсумкова рефлексія 117
Подяки 119
Про автора 121
Дякую 123

Кілька слів перед початком

Ця книга для тебе.

Вона говорить про речі, які можуть торкнутися кожного з нас: про втрату, біль, страх, але також про надію, нові початки й ті маленькі моменти, що допомагають нам знову піднятися.

Я не пишу, щоб здаватися мудрим. Я пишу, бо на власному досвіді відчув, як швидко все може змінитися. Людина думає, що все під контролем, а потім раптом приходить життя і показує тобі інше.

Найважливіша думка цієї книги проста: все тимчасове. Те, що сьогодні тисне на тебе, не залишиться назавжди. Те, що зараз лякає, не висітиме над тобою вічно. Навіть смуток не має останнього слова. Ніщо не лишається таким, як є, і саме це може допомогти нам рухатися далі.

Але це стосується не лише важких моментів. Також і добре — тимчасове. Щасливі миті минають, радість приходить і йде. І тому ми не повинні їх ігнорувати, відкладати або думати, що проживемо їх «колись».

Якщо зараз добре — насолоджуйся цим. Дихай. Будь присутнім. Бо й ця мить мине.

Читай цю книгу повільно. Можливо, лише один розділ на день.
Бери з неї те, що підходить саме тобі. І якщо ти зупинишся на хвилину на якійсь фразі, то так і треба.

Бажаю, щоб на цих сторінках ти знайшов щось, що допоможе тобі дихати трохи легше..

Вступ

Усе тимчасово. Три прості слова — і водночас у них більше правди, ніж багато хто з нас готовий визнати. Ніщо не залишається таким, як є: ні біль, ні радість, ні саме життя. Усе змінюється, і саме в цьому теж є сенс.

Ця книга — не посібник, який каже тобі, як треба жити. Радше це супутник: чесний, простий, людяний. У ній — думки й переживання реального життя. Деякі були прекрасними, інші — болісними, але всі мали спільне: вони показали, що навіть те, що здається безкінечним, колись минає.

Ця книга написана не тому, що я вже все зрозумів, а тому, що життя багато чому нас навчає — іноді м'яко, іноді жорстко. Люди приходять і йдуть, етапи змінюються, і навіть моменти, які залишають найглибший слід, не тривають вічно.

Для кого ця книга? Для тих, хто надто багато думає, для тих, хто сприймає життя надто серйозно; для людей, які хвилюються або сумніваються і не завжди знають, що робити зі своїми думками. Для тих, хто хоче навчитися відпускати, для тих, хто прагне жити теперішнім більш усвідомлено, а також для тих, хто проходить крізь важкий період і, можливо, просто потребує маленької підтримки.

У житті ми часто намагаємося триматися за речі: за людей, за досягнення, за моменти. Але у всього є свій час, і інколи ми усвідомлюємо це лише тоді, коли щось уже минуло. Життя вчить нас терпінню й знову і знову нагадує: ніщо не вічне — ні добре, ні погане.

Коли ти читатимеш цю книгу, я бажаю тобі час від часу зупинятися, визнавати, що навіть складні фази минають, і вчитися більш свідомо насолоджуватися прекрасними моментами. Бо кожна мить, якою б маленькою вона не була, — унікальна й неповторна.

І, можливо, ця книга допоможе тобі ставитися до речей трохи легше, адже зрештою завжди залишається одна й та сама правда: **Усе тимчасово.**

Найдавніший доказ?

Коли ми думаємо про слово «тимчасове», ми часто насамперед думаємо про власне життя: про зміни, про старіння, про початок і кінець.

Але що станеться, якщо ми розширимо погляд — далеко за межі нас самих, так далеко, що зможемо побачити всю картину?

Вчені виходять із того, що все почалося приблизно 13,8 мільярда років тому з Великого вибуху — моменту, який майже неможливо уявити. Із видимого нічого раптово виникли простір і час, енергія й матерія, і відтоді Всесвіт продовжує розширюватися.

Народжуються галактики, вони рухаються, зіштовхуються між собою й змінюються. Народжуються зорі, сяють мільйони років і зрештою згасають. Навіть наше сонце, яке щодня дарує нам світло й тепло, колись згасне — не сьогодні й не завтра, але колись.

Навіть планети, супутники й чорні діри зрештою лише тимчасові. Вони виникають, змінюються й знову зникають.

Коли по-справжньому усвідомлюєш це, стає ясно одне: ніщо не триває вічно — навіть зорі, і, можливо, навіть час у тій формі, в якій ми його знаємо сьогодні.

А тепер співвіднеси це з нами. Середня тривалість життя у світі становить близько 73 років, у багатьох країнах — 80 або трохи більше. Порівняно з 13,8 мільярда років людське життя — майже ніщо. У відсотках ціле життя становить приблизно 0,0000005 відсотка від нинішнього існування Всесвіту — настільки малу крапку, що її майже не видно.

І все ж ми часто сприймаємо наше коротке існування дуже серйозно. Ми злимося, сперечаємося, боремося так, ніби все триватиме вічно, хоча насправді ми лише проходимо повз — крихітний відрізок.

Тому варто добре використати цей час: жити, любити, сміятися, відчувати — і не робити все таким важким, а передусім не бути таким суворим до самого себе. Навіть найбільші турботи з часом стають м'якшими. Вони розсіюються — як світло зорі, яке все ще подорожує до нас, хоча сама зоря давно вже не існує.

Можливо, це і є найдавніший доказ: Усе тимчасово. Ніщо не залишається таким, як було — навіть Всесвіт. І, можливо, саме в цьому — краса: у тому, що ми є частиною чогось величезного, короткі, минущі — і водночас живі.

Усе тимчасово.

Carpe Diem — цей день тимчасовий

Звучить сильно. У багатьох ця фраза висить на стіні. І все ж ми часто живемо рівно всупереч їй. День минає, ми функціонуємо, і вже думаємо про завтра, хоча сьогодні ще навіть по справжньому не почалося.

Деякий час тому ми святкували 19 день народження мого сина. Незадовго до цього він переїхав у власне житло, бо хотів навчатися. Було й почуття гордості, була й радість, а потім те тихе відчуття, що просочується між рядками: знову щось завершилося, ще один етап.

Мої двоє старших дітей теж були там. Я подивився на них і подумав: це один із тих моментів, які неможливо втримати, але які не можна втратити. Для них починається новий шлях, і для мене теж. День був гарний, ми сміялися, говорили, згадували, і саме тому він був небезпечний, бо такі миті минають швидко, непомітно.

І тоді це сталося. Мої думки поїхали у подорож.

Я подивився у вікно. Гараж напівготовий…

«Планувати… Рахувати… Наступні кроки… Матеріал… Час…» — думки кружляли, як шестерні.

Потім лізингове авто. Наступна думка

«Скоро доведеться шукати заміну… Договір… Строки… Папери…»

І раптом — дрібниці, які ще треба «швиденько» зробити. Голова була повна, момент зник.

Усередині в мене щось раптом вибухнуло: «Досить! Припини це!».

Ось ти сидиш у щасливу мить, з людьми, які важливі для тебе, і навіть не Є по справжньому присутнім. Лише фізично. Усе інше вже десь в іншому місці.

Пізніше докторка Ramona Lorenz надіслала мені роздуми з цього приводу. Вона з освітньої науки й багато займається тим, як стосунки, увага та справжня присутність впливають на повсякденне життя.

Одна думка була для мене дуже ясною, коли я це читав: свідома присутність у моменті часто є тим, що створює добрі стосунки з іншими людьми. Коли дитина відчуває, що хтось присутній лише фізично, стосунки страждають, і з часом може виникнути дистанція. Я вважаю, що діти відчувають це особливо тонко, але це стосується й інших людей у житті.

Чому ми так робимо? Чому так важко просто бути тут? Ми живемо в дзеркалі заднього виду або в календарі, у вчора або в завтра, і не помічаємо єдиного, що є реальним: теперішнього.

Я глибоко вдихнув і повернув себе назад. Не потім, а зараз. Залишайся тут, саме тут. І тоді мить повернулася: тепло, сміх, близькість, те відчуття, що прямо зараз усе добре, без потреби щось робити.

Іноді життя — це саме таке: внутрішній сигнал, який каже прокинься, залишайся тут. Бо те, що ми переживаємо сьогодні, завтра вже буде спогадом, а кожен спогад починається з прожитого «зараз».

Використай цей день, бо й він тимчасовий.

Не сприймай це так близько до серця, бо все тимчасове.

Часто ми ускладнюємо собі життя більше, ніж потрібно. Ми злимося через речі, які не можемо змінити, застрягаємо в тривогах, у злості або розчаруванні, ніби мусимо за них триматися. Але правда проста: ніщо не триває вічно.

Усе рухається: сьогодні так, завтра інакше. Іноді сварка відчувається як тріщина, що вже не закривається, помилка як печатка на чолі, розчарування як камінь у шлунку. Але це не назавжди, це етап, і він минає.

Ми перетворюємо дрібниці на щось величезне, аж поки вони забирають у нас повітря: неправильне слово, погляд, мить, яка йде не за планом. У ту секунду це здається гігантським, майже непереборним, а потім ти озираєшся назад і думаєш: невже я справді витратив стільки енергії на це?

Життя стає легшим, коли ти можеш внутрішньо зробити крок назад. Не все, що трапляється, має тягнути тебе за собою, не все заслуговує всієї твоєї уваги. Іноді достатньо одного вдиху й фрази, яка повертає тебе в теперішнє: це теж мине.

Спокій не означає, що тобі все байдуже. Спокій означає, що ти вирішуєш, що важливо, а багато речей такими не є.

Якщо це усвідомлювати, то в ту саму мить у тебе є інструмент, щоб ясніше впоратися із ситуацією. Тимчасовість тут стає впорядковувальним орієнтиром: що заслуговує часу й енергії, а що ні.

Сьогодні проблема здається великою, завтра це лише історія, а післязавтра, можливо, щось, із чого ти навіть усміхнешся.

Сприймай життя легше. Помилки — це нормально, кроки назад — теж. Вони не є дрібницею, але й не є кінцем. Ти можеш із них вчитися, можеш на них зростати, і все одно лишається правдою: не руйнуй себе через це.

Це сталося, ти береш це із собою й потім ідеш далі, як хвилі: вони струшують тебе на мить, а потім усе знову заспокоюється.

Зрештою важить не те, що на короткий час збило тебе зі шляху, а те, що ти продовжуєш іти далі.

Не сприймай це так близько до серця, бо все тимчасове.

Смерть

Мені було шість років, коли померла моя мама. Вона загинула в дорожньо транспортній пригоді. Аварія сталася, коли вона везла мого батька на роботу.

Мій батько, який працював маневровиком на залізниці, того дня повернувся додому весь у крові. Він вижив в аварії, вона — ні. Вантажівка не пропустила його.

Я досі пам'ятаю тривогу, яка раптово увійшла в наше життя, і водночас — тишу. Сусіди й друзі намагалися нас утішити. Вони приносили шоколад, щоб зробити нам, дітям, щось добре. Чи допомогло це тоді, сьогодні я вже не знаю. Думаю, просто було занадто важко осягнути, що сталося.

Мій батько раптом залишився сам із чотирма дітьми. Він робив усе можливе, щоб повсякденне життя тривало, але ніхто не міг заповнити порожнечу, яку залишила моя мама.

Я пам'ятаю ночі, коли він сидів за кухонним столом, мовчки, втомлений, виснажений і все ж присутній. Він зробив усе, що міг, і ніколи не показував своєї слабкості.

Тоді я не міг зрозуміти втрату. Я боявся і не знав, як усе буде далі. Для дитини смерть незбагненна; відчувається лише, що бракує чогось, що ніколи не повернеться.

Якби тоді хтось пояснив мені способом, відповідним моєму вікові: «Цей біль не безкінечний, як і все в житті тимчасове», можливо, це допомогло б мені краще впоратися із ситуацією. Але ніхто не сказав мені нічого подібного.

Сьогодні, багато років потому, я бачу той момент як частину свого життя, як початок чогось, що мене сформувало. Я навчився, що навіть найгірше з часом змінюється. Людина продовжує жити, пам'ятає і вчиться жити з пам'яттю.

У моєї дружини Сільвіни є фраза, яка врізалася мені в пам'ять: біль ніколи не зникає повністю, але змінює свої кольори, свої відтінки. І саме так я це й пережив.

Навіть найглибший біль тимчасовий, як і все в житті.

Відчуй біль

Біль є частиною життя, хочемо ми цього чи ні. Він наздоганяє нас у багатьох різних формах: фізично, емоційно, через втрати, розчарування або прощання. Іноді він дає про себе знати заздалегідь, а іноді приходить раптово, збиває нас із шляху й змушує думати, що ніщо вже не буде таким, як раніше.

Але біль ніколи не залишається однаковим. Він змінюється, як і все в житті. Спочатку він сильний, пекучий і важко переноситься. З часом він стає тихішим, втрачає гостроту, перетворюється на спогад, і часом із цього спогаду навіть народжується вдячність.

Багато людей намагаються уникати болю. Вони відволікаються, пригнічують його, тікають у роботу або в постійні відволікання. Але біль хоче бути відчутим; інакше він залишається. Це як гість, який може піти лише тоді, коли його визнають, коли йому дозволяють бути, коли його слухають і розуміють, що він хоче тобі сказати.

Протягом свого життя я навчився, що спроба пригнічувати біль часто робить його сильнішим. Натомість той, хто свідомо приймає його, хто відчуває його, не дозволяючи йому себе пожерти, з часом стає вільнішим.

Біль змінює нас. Він показує нам, що насправді важливо, кого ми любимо, що нам потрібно, а що ні. Він змушує нас дивитися правді в очі, і інколи саме в цьому й полягає його сенс.

Тож наступного разу, коли ти страждатимеш, коли щось ударить по тобі й глибоко зворушить, пам'ятай ось що: тобі не потрібно боротися з цим болем. Ти можеш його відчувати, бо й він не назавжди. Він стане м'якшим, дасть тобі нову силу, і одного дня ти озирнешся назад і зможеш сказати: я це пережив.

Відчуй біль, але пам'ятай: він тимчасовий.

Здаватися — не варіант

Багато моїх учнів добре знають цю мою фразу: «Здаватися — не варіант». Вона висить на стіні нашої школи великими китайськими ієрогліфами не тому, що гарно звучить, а тому, що це серйозно.

Коли вона з'являється на тренуванні, це не для тиску, а як нагадування: сила починається не в м'язах, а в голові. Здаватися — це не автоматично слабкість, але і вміння триматися,яке гартує характер.

Особливо чітко це видно під час тренування витривалості або у вправах, які здаються нескінченними. Одні ставлять собі внутрішню межу, інші роблять ще один крок. Є моменти, коли точно помітно, коли хтось думає: я більше не можу. І саме тоді з'являється ця фраза: «Здаватися — не варіант».

Часто цього вже достатньо. Раптом змінюється постава, дихання заспокоюється і повертається сила — не тому, що втома зникла, а тому, що воля стає сильнішою. Та мить, коли хтось перевершує власні межі, безцінна — не лише у спорті, а й у житті.

Бо зрештою рідко вирішує лише талант. Набагато частіше — наполегливість. Скільки змагань вирішувалися в останню секунду, у найбуквальнішому сенсі? Незліченно. Чи то в марафоні, у футболі, на іспиті з водіння, у професійному навчанні або в університеті — зрештою часто перемагає той, хто не зупиняється. Успіх інколи пов'язаний із везінням, але майже завжди — із рішенням продовжувати.

У повсякденному житті все так само. На роботі, у стосунках або у власних цілях усі колись доходять до межі. Часом зазнаєш невдачі, інколи сумніваєшся, а буває просто хочеться здатися. Але той, хто вчиться йти далі навіть тоді, стає сильнішим за будь-який удар долі, бо зусилля, біль і виснаження не тривають вічно.

Часом зазнаєш невдачі, вагаєшся або просто хочеться здатися. Але той, хто вчиться рухатися далі навіть у такі миті, стає сильнішим за будь-який удар долі, адже зусилля, біль і виснаження не тривають вічно.

Продовжувати — не завжди означає «йти вперед за будь-яку ціну». Буває, це потреба зупинитися, перевести подих і почати знову. А трапляється, що саме в цю паузу приходить усвідомлення: мету було обрано хибно або вона вже не відповідає твоєму життю. Тоді це не поразка, а мудре коригування — не відмова, а зміна напрямку.

Таке може тривати дні, тижні, місяці, а інколи й роки. Та ніщо не лишається незмінним назавжди. Залишається спогад про те, що ти вистояв. І це відчувається як тиха перемога — не гучна й не показна, але така, що супроводжує ще довго.

Цей принцип я переживав багато разів: на тренуваннях, у повсякденному житті, під час написання моїх книжок і в проєктах, які забрали більше сил, ніж видно ззовні. І щоразу, коли я був на межі викинути все за борт, знову виникала ця фраза: «Здаватися — не варіант».

Вона супроводжує мене як тихий учитель. Нагадує, що ніщо не є постійним: ні зусилля, ні біль, ні сумніви. **Усе тимчасово**. Але те, що народжується, коли ти наполегливо тримаєшся, залишається — і саме тому варто знову і знову підніматися. Лише той, хто продовжує, може зростати.

Яким би важким це інколи не було, і цей момент теж тимчасовий.

Мій шкільний період як дитини гастарбайтерів

Період моєї шкільної освіти в родині гастарбайтерів.

Після смерті моєї мами ми переїхали до Дуйсбург Гоенбудберґа, у залізничну колонію. Мій батько працював там маневровиком на залізниці.

Він був одним із багатьох так званих запрошених працівників, які приїхали до Німеччини на початку шістдесятих років. Двоє моїх старших братів народилися ще на півдні Іспанії. Я сам народився в Райнгаузені, сьогодні Дуйсбург Райнгаузен.

Після початкової школи, як було заведено в ті часи, я мав піти до найближчого закладу, до основної середньої школи. Уже в перший день я зрозумів, що я інший. Не лише за зовнішністю, а й за ім'ям і, передусім, за поглядом інших. Для багатьох я був іноземцем. Це слово не завжди говорили вголос, але воно відчувалося в поглядах, на перервах, у дрібних зауваженнях.

Я був єдиним у своєму класі з іспанським ім'ям: Маріо Лопес.

У той час мені довелося навчитися захищатися. Бували дні, коли слів було недостатньо і доводилося оборонятися без зайвих пояснень.

У глибині душі я просто хотів відчувати, що належу до цього світу, але це було нелегко. Пам'ятаю багато вечорів, коли повертався додому з однією думкою: коли ж нарешті закінчиться школа? Постійні конфлікти, напруга, безперервна потреба доводити свою силу — усе це здавалося безкінечним.

Тепер я розумію: це був лише етап. Важкий, виснажливий, але саме він сформував мене.

Якби тоді якийсь учитель сказав мені: Усе тимчасово, цей час мине, давай разом подивимося, як отримати з цього найкраще, — можливо, багато що було б для мене легшим. Але цього не було.

Тоді про такі речі не говорили, і саме тому я пишу цю книгу. Вона має додати мужності витримати, навіть коли важко, бо й тяжкі часи змінюються, вони теж минають.

Сьогодні я бачу ті шкільні роки як одну з найважливіших життєвих шкіл, які я мав. Вони навчили мене бути сильним і відстоювати себе. Я навчився, що прийняття не завжди дають у подарунок; інколи його треба здобувати, а інколи навіть виборювати.

І найголовніше: хоч тоді було важко, це був лише відрізок шляху, час, одна з багатьох фаз, які ще мали прийти.

Усе тимчасово.

І це теж мине

Скільки разів ми самі ускладнюємо собі життя: накручуємо себе, сумніваємося, відчуваємо страх — і зрештою те, чого ми боїмося, у більшості випадків навіть не стається.

Наша думка ходить по колу, ми ставимо собі перепони, і тим часом забуваємо жити.

Я думаю про ситуації, коли я злився через дрібниці: пропущену зустріч, невдало сказане слово, рахунок, який прийшов несподівано. У той момент це здавалося величезним, ніби все ось ось зруйнується

, а через кілька днів це вже не мало значення. Тоді я запитував себе: чому я так сильно хвилювався?

Багато турбот — як темні хмари. Вони здаються загрозливими, але часто проходять повз, і справжнього дощу так і не буває. Коли це розумієш, багато речей стає легшим.

Іноді можна почути цифру, що 96 відсотків наших турбот ніколи не справджуються. Чи саме це число точне, чи ні, ідея за ним правильна: ми даємо надто багато місця деяким страхам, підживлюємо їх часом, енергією та безсонними ночами.

Ми хвилюємося захворіти, хвилюємося, що грошей не вистачить, боїмося втратити партнера або роботу. І тоді чесно запитуєш себе: як часто це справді стається?

Не так уже й часто. А коли стається, ми майже завжди знаходимо шлях. Можливо, не одразу, можливо, не ідеально, але якось ми все одно йдемо далі.

Сьогодні я знаю: багато того, що тисне на нас сьогодні, завтра вже має менше значення. Дещо з часом вирішується само собою, і навіть важкі фази не тривають вічно.

Тож не виснажуй себе тим, чого не можеш змінити. Довірся плину життя: усе, що відбувається, має свій час і зрештою минає. Бо жодна проблема, жоден страх і жодна тривога не тривають вічно.

Усе тимчасово.

М'ясник

У п'ятнадцять років я розпочав навчання на м'ясника; тоді ще казали «забійник». Перший день закарбувався в моїй пам'яті так, ніби це було вчора.

Вранці я був у ковбасному цеху. Переді мною стояла велика металева діжка, як ванна на чотирьох ніжках, наповнена кров'ю, кишками й речами, які тоді здавалися мені чужими і які, чесно кажучи, я б волів, щоб такими й залишалися. Запах був важкий, різкий, майже нестерпний.

Обережно я запитав, чи є якась змішувальна машина або щось, чим можна було б усе це перемішати. Відповідь була суха: «Закочуй рукави. Працюєш руками». Достатньо було одного погляду на обличчя майстра. Це не був жарт, він говорив серйозно. Тож я почав.

Та тепла, слизька маса піднімалася по моїх передпліччях; мені майже хотілося блювати. І все ж я залишився там — не щоб удавати силу, а тому, що не хотів розчарувати батька. Він сам виховував чотирьох дітей; для виправдань не було місця.

Цех був холодний, робота важка, зарплата мала, але команда була хороша. Ми сміялися разом, і саме це багато разів тримало мене на ногах.

З часом прийшла рутина: поводження з ножем, поводження з тиском, поводження із запахами і також поводження з днями, які просто не є приємними. Дисципліна перестала бути теорією й стала буденністю.

Кишенькових грошей не було, тож свої потрібно було заробляти. Здаватися не було варіантом, тож ішли далі.

Тоді було незрозуміло, для чого все це. Сьогодні зрозуміло: ті роки допомогли згодом у житті витримувати більше. Навчання було важким, так, але воно загартувало характер. Озираючись назад, це була не лише робота, це був розвиток. Це вимагало зусиль, але було важливо.

І, як і все в житті, це теж минуло: сморід, холод, втома, нескінченні дні.

Мій молодший брат і досі мене через це підколює. Усміхається й каже: «То були єдині роки, коли ти справді працював». Тоді ми сміємося, і стає ясно, що той час уже дуже далеко позаду.

Усе тимчасово.

Ілюзія контролю

Люди мають потребу тримати все під контролем. Ми плануємо, організовуємо, заздалегідь обдумуємо все в надії, що це дасть нам відчуття безпеки. Але якщо бути чесними, рідко коли контроль справді у наших руках.

Ми віримо, що можемо керувати життям, але часто саме життя керує нами. Ми будуємо плани, а життя будує свої, і інколи все складається зовсім інакше, ніж ми собі уявляли. Саме це й вибиває нас із рівноваги.

Я пам'ятаю багато ситуацій, коли думав: усе йде чудово, і раптом з'являлося щось, чого я не врахував, несподівана подія, поворот, момент, який змушував мене відпустити, впасти, піднятися й іти далі.

Можливо, саме в цьому й урок: контроль — це ілюзія. Ми можемо контролювати свою поведінку, але не результат. Ми можемо запобігати й планувати, але життя завжди має останнє слово.

Іноді я думаю про людей, які тиснуть на себе, бо вірять, що все має вийти ідеально. Вони тримаються за плани, за ідеї, за структури, і коли щось не вдається, почуваються так, ніби зазнали поразки, хоча насправді вони не зазнали поразки. Вони просто забули, що життя неможливо змусити.

Я теж переживав моменти, коли хотів утримати речі, які вже пішли: стосунки, ідеї, проєкти, які просто вже не працювали. Я хотів їх урятувати, полагодити, бо вірив, що можу вплинути на результат. Але настав час, коли довелося відпустити — ще й тому, що я зрозумів: для іншої людини це було краще.

Сьогодні я знаю: інколи найкраще стається тоді, коли людина перестає боротися, коли приймає, що життя має власний план. Контроль важливий до певної міри, але далі потрібна довіра.

Бо навіть це відчуття, що треба тримати все під контролем, — лише фаза, ілюзія, яка минає.

Як і все в житті, бо все тимчасове.

Вуличний кіоск із їжею

Після завершення навчання на м'ясника мені хотілося створити щось своє. Я був молодим, мотивованим, сповненим ідей. Тож узяв кредит у звичному банку — і невдовзі переді мною стояв мій перший пересувний кіоск із їжею. Саме з нього розпочався мій шлях у самозайнятості.

У 19 років кіоск встановили у Фрімерсгаймі, районі Дуйсбурга, на ринковій площі. Хрумка картопля фрі, соковиті ковбаски, пряна карі-вурст і ароматний гірос — усе, що готується швидко й смакує людям.

Кіоск був простий, але це була вся моя гордість. Уперше з'явилося те відчуття: тепер я стою на власних ногах, тепер ніхто інший не вирішує.

Відкриття було наприкінці осені, у крижаний листопад, деякі дні з мінус двадцятьма градусами. Зранку я стояв усередині кіоску, подих було видно, пальці майже змерзли, а зовні майже ніхто не хотів залишатися їсти в такому холоді.

Хоч початок був складним, ми продовжували йти вперед, і з часом усе ставало легше.

З часом з'явилися постійні клієнти. Багато облич стали знайомими, людям подобалася їжа і також манера спілкування: якийсь жарт, пригостити кавою. Цей контакт із людьми був гарний, а відчуття, що ти збудував щось своє, — ще більше.

Але, як так часто буває в житті, все вийшло інакше.

Одного ранку в поштовій скриньці лежав лист від міської адміністрації: «Ваш кіоск із їжею не вписується в образ міста». Чорним по білому. Важко повірити. Незабаром після цього дозвіл на встановлення було відкликано.

Розчарування, злість, розгубленість. Віддав усе — і раптом усе скінчилося.

Водночас прийшла наступна новина: дівчина, з якою я серйозно зустрічався, була вагітна.

Дев'ятнадцять і сімнадцять років. Момент не міг бути менш доречним. Саме починалася професійна самостійність, і все ж було ясно: здаватися — не варіант. Тепер потрібен був надійний дохід.

З важким серцем ми продали наш кіоск.

Потім я знову пішов працювати підмайстром у м'ясній крамниці в Дуйсбург Майдеріх, у фірмі Massa. Крок назад і водночас крок уперед.

Сьогодні, коли згадую, з'являється усмішка. Той період багато чого навчив: відповідальності, сміливості і також того, що невдачі є частиною шляху. Ніщо не залишається таким, як є. Іноді болить, а іноді це саме те, що правильно.

Також і цей етап самозайнятості був тимчасовим, але зробив сильнішим. І це добре.

Бо все тимчасове.

Втрата і здобуток

У житті багато що втрачається: люди, речі, можливості, мрії. І все ж із кожною втратою також з'являється простір, простір для чогось нового.

Зазвичай усвідомлюєш це пізніше, коли озираєшся: саме ця втрата була потрібна, щоб відкрити нові можливості.

У моєму житті був не один момент, який відчувався як кінець. Тоді були гордість, мотивація, те відчуття, що нарешті стоїш на власних ногах.

Коли довелося відмовитися від кіоску з їжею, розчарування було великим. Це здавалося несправедливим, майбутнє лякало, і в голові була лише одна думка: тепер мрія закінчилася.

Сьогодні зрозуміло: це не був кінець. Це був розділ, який мав завершитися

, щоб міг початися новий.

Пізніше прийшла наступна спроба, знову власна справа, цього разу відеопрокат VHS. Купувалися пристрої та фільми, залучалися клієнти, усе доставлялося особисто. Це добре працювало, аж поки деякі пристрої не зламалися, а деякі клієнти просто зникли разом із фільмами.

Знову невдача, знову втрата. Тоді я думав: я знову зазнав провалу.

З відстані це виглядає інакше. Було здобуто більше, ніж тоді було видно: відповідальність, краще розуміння клієнтів, досвід у спілкуванні з людьми і, передусім, здатність не залишатися лежати після розчарувань.

Після падіння ставати на ноги знову робить сильнішим — не одразу, а крок за кроком.

Втрачати боляче, так, але без втрати немає й змін. Кожен крок уперед означає залишити щось позаду, і інколи саме те, що втрачається, тримає нас у пастці.

Коли сьогодні я озираюся назад, одне стає ясним: з кожної втрати виростав розвиток, не тому, що так було заплановано, а тому, що цього вимагало життя.

Бо кожна втрата також містить у собі здобуток, адже все тимчасове.

Досвід, який змінив усе

У підлітковому віці я часто злився — на все і на всіх. Мене легко дратували, мене легко було спровокувати, і я постійно мав відчуття, що зі мною поводяться несправедливо.

Компанія друзів цьому відповідала: гучні, вибухові, імпульсивні. Мало грошей, мало планів і, коли ти молодий, не думаєш про завтра, про далеку перспективу — шукаєш будь-який спосіб якось вижити.

Якось сталася ситуація, яка згодом відкрила мені очі. Вона закінчилася судом — через напад. Вирок був таким: години громадських робіт — викладати бруківку в лікарні «Йоганнітер», у крижаний лютневий холод. Той час змінив усе.

Холодне каміння й досі в моїй пам'яті, руки червоні від морозу, навколо — жодної знайомої людини, жодних відволікань, лише робота і час. Час подумати, час пошкодувати, час зрозуміти.

Одного вечора, розмірковуючи, я дав собі клятву: більше ніколи. Більше ніколи така ситуація, більше ніколи така помилка, більше ніколи така дурість.

Після цього досвіду я вже не був тим самим. Усередині щось змістилося. Злість перестала здаватися чимось прийнятним. Злість була просто дурницею. Я мав бути іншим — заради себе, заради батька, заради сім'ї.

На щастя, старі друзі з часом теж вирівняли курс. Працювати, рухатися далі, жодних дурних ідей. Не тому, що раптом усе стало легко, а тому, що стало зрозуміло, куди веде хибний шлях.

Цей єдиний досвід навчив більше, ніж будь-яка книга і будь-який учитель. Він показав, як швидко можна впасти — і що зрештою лише ти сам вирішуєш: залишитися там чи змінити напрям.

Сьогодні ясно: інколи потрібен удар, щоб прокинутися. І яким би важким не здавався той час, зрештою він мене врятував.

Усе, що болить, може бути уроком — і це теж тимчасове.

Мій перший шлюб

У п'ятнадцять років я познайомився з нею. Їй було тринадцять. Ми були молоді, закохані й думали, що це триватиме вічно, але життя рідко мислить категоріями «назавжди».

Коли прийшла звістка про вагітність, усе змінилося. Та все ж нам було ясно з першої миті: ця дитина має з'явитися на світ.

У вісімдесяті роки для мене, як для католика, було майже немислимо виховувати дитину поза шлюбом. Тож ми вирішили одружитися. Вона була на четвертому місяці вагітності, а я відчував, що вже достатньо дорослий, щоб узяти на себе відповідальність.

День у лікарні й досі дуже живий у моїй пам'яті. Тринадцять годин у пологовій залі, виснажені, але сповнені гордості. А потім з'явився він, мій син, і раптом усе стало ясно: тепер я батько.

Яким би прекрасним не був той момент, таким важким став час після нього. Ми були надто молоді, надто недосвідчені, а відповідальність була більшою, ніж ми могли усвідомити.

Ми хотіли бути добрими батьками. Ми любили нашого сина. І тоді, не минуло й чотирьох місяців від народження, прозвучала наступна фраза: «Я знову вагітна».

Тиша, страх, перевантаження, сумніви — усе одночасно.

Аборти й цього разу не були варіантом. Тож ми ухвалили рішення народити й другу дитину. Це мала бути дівчинка. Ми хотіли бути сильними й зробити все правильно, але реальність виявилася жорсткішою: двоє дітей, мало грошей, багато тиску і дедалі більше суперечок між двома молодими батьками, які були явно перевантажені.

Шлюб почав тріщати по швах. Ми часто сварилися, занадто часто, навіть перед дітьми. До сьогодні мені це болить.

У якийсь момент було прийнято рішення розійтися — не тому, що не було любові, а саме тому, що вона була, і тому, що я не хотів, щоб діти страждали через наші конфлікти. Це було важке рішення, але інколи дистанція — єдиний шлях, щоб знову могла з'явитися тиша й мир.

Наша донька народилася за два роки до розлучення, чудова дівчинка, з якою й досі існує нерозривний зв'язок.

З моїм сином стосунки часто були складнішими. Я коливався між великою гордістю й думкою: чому він робить це? Думаю, він так і не пробачив мені до кінця, що я тоді пішов. Та попри це є любов, і сьогодні існує регулярний контакт. Це мене дуже тішить.

Коли я озираюся назад, я бачу не лише помилки, я також бачу уроки. У двадцять один рік у мене було двоє дітей і вже відчуття, ніби я прожив два життя. З нинішньої перспективи я був надто молодим для всього цього.

Це був етап, сповнений турбулентності, але також сповнений життя. Він показав, що самої любові недостатньо, що відповідальність важить дуже багато і що інколи потрібно відпустити, щоб не потонути.

Цей шлюб, яким би коротким він не був, був етапом, який мене сформував.

Усе тимчасово.

Відеоклуб VHS

У часи до TikTok, X, Facebook, YouTube, Instagram, Netflix або програм штучного інтелекту існували касети VHS: великі чорні пластикові касети, які вставляли у відеомагнітофон, щоб подивитися фільм.

На телебаченні було три канали: ARD, ZDF і WDR. Якщо пощастить, додавався четвертий. Хто хотів більшої різноманітності, йшов до відеоклубу й брав фільми напрокат.

Відеомагнітофони були дорогими, оренда була клопітною: посвідчення особи, картка, усе як у бібліотеці. А якщо касету повертали із запізненням, стягували доплату. Іноді штраф у підсумку виходив дорожчим за саму касету.

Тоді з'явилася ідея: а чому б не доставляти фільми прямо додому, і ще й відеомагнітофон? Так народилася невелика служба доставки фільмів.

Можливо, це була рання ідея того, що сьогодні було б службою доставки. Це лише жарт. Але мені доводиться трохи усміхнутися, поки я це пишу.

Взяли кредит, купили п'ять відеомагнітофонів і добірку популярних фільмів. У місцевих газетах, таких як Stadtpanorama, з'явилися маленькі оголошення.

Увечері, після роботи, починався маршрут. Дорожня валіза в руці, апарат під пахвою. Клієнти телефонували з дискового телефону, щоб домовитися про зустріч; мобільних телефонів тоді ще не існувало.

Спочатку це працювало напрочуд добре. Людям подобалося мати змогу дивитися фільми, не виходячи з дому.

Потім почалися проблеми. Деякі апарати ламалися. Деякі клієнти переїжджали й просто забирали фільми або відеомагнітофони. Інші переставали відчиняти двері або вже не відповідали нормально по телефону.

Через кілька місяців стало ясно: ця модель довго не протримається. Знову втрачені гроші, знову витрачений час і знову засвоєний урок. Бути самозайнятим — це все що завгодно, тільки не просто.

Попри це, це не був кінець світу. Те, що тоді відчувалося як сильний удар, з відстані було лише етапом.

Якимось чином уже тоді була присутня ця позиція: гроші — це лише кольоровий папір. То навіщо поводитися так, ніби це все? Бажання бути самозайнятим мало іншу причину: ухвалювати власні рішення, брати на себе відповідальність, а не гроші.

Іноді щось втрачаєш, щоб згодом здобути щось інше: досвід, силу, терпіння. Ця спроба провалилася, так, але засвоєні уроки дали наснагу наважуватися пробувати нові речі.

І так і цей відрізок був лише частиною мого життя. Тоді він здавався величезним; сьогодні ясно, що він був меншим, ніж відчувалося.

І ця фаза теж була тимчасовою.

Батько одинак

У 1992 році, після возз'єднання, я познайомився зі своєю другою дружиною в Бранденбурзі — у той час я працював фінансовим консультантом у виїзній службі. Спочатку багато чого сходилося: ми добре ладнали, мали плани, мрії й схожі уявлення про життя. Після невдалого першого шлюбу бажання зробити цього разу все краще було великим — із більшою зрілістю, більшим досвідом і відчуттям, що я навчився на помилках. І справді: спочатку багато що працювало добре.

Ми будували спільне життя, у нас народилася донька. Як батько я хотів, щоб цього разу було все інакше: бути більш присутнім, більше слухати, жити більш усвідомлено. Такий був план — і певний час він справді працював.

Але з роками спільне життя почало змінюватися. Між роботою, рутиною й обов'язками близькість поступово зникала. Не було великого вибуху — радше тихе віддалення, майже непомітне, аж поки в якийсь момент стало ясно: спільного шляху вже немає. Шлюб тривав вісімнадцять років.

Після розставання почалася боротьба за опіку над нашою донькою. Наша маленька, якій щойно виповнилося п'ять, сказала в службі у справах молоді: «Я хочу залишитися з татом». Ця фраза врізалася мені в пам'ять: радість, полегшення — і водночас повага до того, що тепер на мене чекає.

І раптом я знову опинився один — цього разу з донькою, якій я був потрібен, і з відповідальністю, яку треба було прийняти. Спочатку було важко. Я мав одночасно працювати, вести господарство, бути поруч із дитиною, заспокоювати, втішати, організовувати будні. А ще — справлятися зі своїми власними почуттями. Бо навіть коли рішення правильне, воно все одно болить. Розпад сім'ї — це не те, що просто «переживається». Це процес, який тягнеться.

Але з часом ми створили свій ритм. Маленькі ритуали, повсякденні дрібниці, що дарували стабільність. І я зрозумів: батьківство — це не лише забезпечувати. Це бути поруч. Бути тим, хто залишається, хто бере на себе, хто тримає.

Я став більш спокійним. М'якшим. Терплячішим. Не тому, що життя раптом стало легшим, а тому, що я мусив дорослішати. Донька була моїм дзеркалом — вона показувала, що справді важливо.

Роки минали. Донька росла. І, як це завжди буває, з часом вона стала більш самостійною. Я пишався — і водночас мені було трохи сумно, бо знову одна фаза наближалася до завершення.

Пізніше, коли я знову став батьком — цього разу вже сина, — життя ще раз перевернулося. Але я вже був іншою людиною. Я знав, що час минає. Я знав, що треба цінувати те, що є. І я знав, що не можна чекати «колись», бо «колись» може не настати.

Коли у 2020 році я познайомився зі своєю нинішньою дружиною **Сільвіною -** багато чого стало легшим. Поки мій син не переїхав у 2025 році, вона дуже допомагала. Вона була як мати — не тому, що мусила, а тому, що хотіла. Вона дала тепло, підтримку й відчуття дому, а мені — спокій, опору й відчуття, що мені не потрібно нести все самому.

Я ніколи не забуду цей період. Бо навіть якщо в житті все тимчасове, деякі люди й деякі моменти залишаються в серці. **Усе тимчасово.**

Смерть — частина II

Набагато пізніше після смерті моєї матері помер і мій батько. Він піддався своїй онкологічній хворобі.

Цього разу я вже був дорослим. Була власна сім'я, власні турботи, відповідальність, власне життя, і все ж, коли надійшла звістка, здавалося, ніби час на мить зупинився.

Удар був схожий на той, що тоді, сімейна скорбота, і водночас щось було інакше. Тим часом було зрозуміло: смерть є частиною життя. Кожній людині колись доведеться піти, хоч би як сильно цього не хотілося.

У розділі про мою матір я описав, як важко дитині зрозуміти смерть. Тоді мені бракувало розуміння того, що біль змінюється і не залишається однаковим назавжди. Як дорослий, я це вже знав. Було зрозуміло, що й цей біль зміниться, як і все інше в житті.

Мої думки повернулися до батька, до років, коли він виховував нас сам: четверо дітей, змінна робота, майже без вільного часу, мало відпочинку, і все ж він завжди був поруч, надійний і сильний.

Про почуття майже не говорили. Він цього не робив, і ми, діти, теж. І все ж ми знали, як сильно він нас любив. Він був скелею в нашому житті. Його спосіб діяти, його сміливість залишити Іспанію, щоб дати нам краще майбутнє, багато в чому сформували мене, насамперед у тому, щоб бути сміливим.

Коли він помер, була не лише печаль, була й вдячність. Вдячність за те, що він у нас був, вдячність за те, що йому більше не доводилося страждати. Свій останній етап він провів у лікарні, без можливості знову вийти.

Вдячність за його силу, його терпіння і цю невтомну волю. Він віддав багато, а його час, як і будь який час, був обмежений.

Сьогодні я часто думаю про нього, коли потрібно ухвалювати складні рішення. Тоді я запитую себе, що зробив би він, і якимось чином він поруч: не видимий, не чутний, але відчутний.

І це прощання теж боліло. Пам'ятай, що все, що ми любимо, є з нами лише протягом певного часу. Це не робить втрату легшою, але робить її зрозумілішою.

Туга залишається, і все ж біль з часом заспокоївся. Він залишив місце для спогадів, які стали світлішими.

Тепер ми з моїми братами сміємося, коли говоримо про нашого батька, про його історії, про те, як, будучи працівником німецької залізниці, він виграв незліченну кількість боксерських поєдинків, про його пристрасть до мотоциклів, про його сад, і це лише деякі спогади.

Біль від втрати мого батька не зник, але він змінився. Раніше він був важким і темним; сьогодні він має інший відтінок, уже не тисне так, як тоді.

І саме це знову показує мені: Усе тимчасово.

Аутинг

Кілька років тому мій син, який народився й був вихований як дівчинка, відкрито заявив про себе як про трансгендерну людину.

Мила дівчинка з довгим волоссям, яка завжди носила рожеве, раптом коротко підстриглася й почала вдягатися лише в чорне. Епоха кіс, «привіт, любий» і маленьких моментів ніжності раптово закінчилася. Я був у шоці

, невпевнений і, якщо чесно, не знав, як із цим упоратися.

До цього додалося ще дещо: у моїй голові панував хаос. Безкінечні запитання, страх зробити щось неправильно й постійне занепокоєння, чи не доведеться моєму синові страждати, бо світ там зовні не завжди добрий.

Але дуже швидко мені стало ясно одне: любов залишається. Байдуже, як це виглядає, байдуже, яке ім'я чи яку роль він обере. Відтоді я був поруч із тією, хто тоді була моєю донькою, а сьогодні є моїм сином.

У той час я знову усвідомив, що навіть такі глибокі життєві етапи, як цей, не тривають вічно. Вони теж, як і все в житті, тимчасові.

Це був непростий період. Минуло чотири роки, перш ніж мій син отримав необхідний висновок, щоб мати змогу розпочати терапію тестостероном. Упродовж цього часу в нього були злети й падіння, а я робив усе можливе, щоб бути поруч. Іноді це було важко для нього, але також і для мене.

Мені довелося навчитися відпускати. Знову зрозуміти, що насправді означає ідентичність. І прийняти, що любов не має нічого спільного з ярликами.

Сьогодні в нас стосунки ближчі, ніж будь коли. Ми відверто розмовляємо, багато сміємося й поважаємо одне одного.

Мій син сильний, чесний, і я неймовірно пишаюся ним. Він навчив мене більшого про мужність, ніж будь яка книга, яку я коли небудь читав.

Коли сьогодні я озираюся назад, я бачу, що кожен складний етап, яким би болісним він не був, зрештою ще більше нас зблизив. Я зрозумів, що справжня любов означає приймати іншого в усій його правді не лише тоді, коли це легко, а саме тоді, коли це потребує мужності.

І щоразу, коли я дивлюся на нього, я думаю: як прекрасно, що ти мав мужність стати тим, ким ти є. Бо життя надто коротке, щоб бути кимось іншим.

Що принесе майбутнє на цьому шляху, я не знаю, але я тут, поруч із ним, бо все тимчасове.

Цінність миті

Ми часто женемося за тим, що десь далеко попереду нас: цілями, планами, очікуваннями. І водночас не помічаємо того, що відбувається просто перед нами — теперішньої миті.

Багато людей живуть у майбутньому або в минулому. Вони думають про те, що було, або про те, що, можливо, ще буде.

Але життя завжди відбувається лише в цьому «зараз», у цій короткій миті, яка ледь існує і вже в наступну секунду належить минулому. Саме тому вона така цінна.

Іноді саме маленький момент приносить більше спокою, ніж усі великі плани. Промінь сонця, що падає крізь вікно. М'яке дзижчання кавомашини вранці. Сміх дітей, коли на моїх курсах як інструктору з бойових мистецтв мені вдається їх розсмішити. Нічого вражаючого — і все ж усе найважливіше.

І в цьому процесі я усвідомлюю, як сильно змінився мій погляд завдяки Сільвіні. Через неї я навчився знову уважніше спостерігати, знову захоплюватися місяцем, дивитися на хмари і на те, як вони змінюють колір, не пропускати заходи сонця просто так. Навіть сад мені це показує: залежно від пори року він виглядає інакше, рослини змінюються, усе живе, усе перетворюється, і раптом ця мить стає чимось, чим я насолоджуюся більш усвідомлено.

Я вірю, що цінність моменту в тому, що він ніколи не повертається. Навіть якщо завтра знову світитиме сонце, воно світитиме інакше, ніж сьогодні. Ми знову і знову помічаємо це, коли ми з дружиною свідомо проводимо час у саду вранці. Ми будемо старшими, можливо, щасливішими, можливо, більш замисленими, але ніколи вже не зовсім такими самими.

Багато хто женеться за великим щастям і не помічає, що воно живе в маленьких миттєвостях. Щастя рідко буває гучним. Часто воно ховається в тиші, у диханні, у короткій паузі, в усвідомленні того, що ця мить — подарунок; інколи це так просто, як погляд в карі очі моєї дружини, і раптом усе вже тут, без потреби в чомусь ще.

Коли ти це усвідомлюєш, ти перестаєш чекати «колись». Тоді ти починаєш жити теперішнім, і раптом життя стає простішим. Тобі потрібно менше, щоб відчувати повноту.

Одна мить усвідомленості може змінити більше, ніж цілий рік у поспіху. Бо той, хто бачить мить, розуміє саме життя.

Цінність миті в тому, що вона тимчасова.

Пошуки віяла

Моя дружина часто губить речі. Запальничку, телефон, окуляри для читання, ключі від дому — усе те, що потрібно щодня.

І тоді все починається. Вона нервово ходить по дому, відкриває шухляди, заглядає в сумки, а інколи навіть у холодильник. І майже завжди одразу залучає мене, щоб я допоміг у пошуках.

Оскільки цей спектакль повторювався незліченну кількість разів протягом років і зрештою все знову знаходилося, сьогодні я лише сміюся й кажу: «Кохана, воно лише тимчасово загубилося. Як завжди, воно знову з'явиться».

Типова сцена: після того як з'явився цей розділ про речі, які тимчасово губляться, моя дружина прочитала його як пробу. Ми обоє сміялися з того, як добре ця фраза «Усе тимчасово» працює в нашому повсякденному житті.

Того ж вечора ми пішли вечеряти до ресторану при готелі. Ми були у відпустці в Аліканте. Їжа була чудова, а атмосфера приємна й спокійна. Після цього ми хотіли піти прогулятися.

Безпосередньо перед виходом вона сказала: «Будь ласка, принеси мені моє віялокоханий. Досі 28 градусів і повітря вологе».

Запитання вирвалося саме собою: «Де воно?»

Відповідь була: «На ліжку, на комоді, у моїй сумці або в одному з пакетів із ванної, які ми сьогодні використовували».

У моїй голові спалахнула лише одна фраза: ой ой. Це може стати цікавим.

Тож я піднявся в номер шукати. Ліжко, шафи, сумки. Усе перевернуте. Жодного віяла. А через десять хвилин прийшло повідомлення у WhatsApp: «Віяло тимчасово загубилося».

Коли я спустився, ми обоє розсміялися.

А наступного ранку, майже неймовірно, віяло спокійно лежало на тумбочці біля ліжка. Наче воно ніколи й не зникало.

Іноді життя саме таке. Речі зникають. Люди нервуються. Шукають у розпачі. А зрештою все знову з'являється.

І ось у чому урок цієї маленької історії: навіть те, що ми вважаємо втраченим, у більшості випадків лише зникло на певний час.

Маю зізнатися: раніше я й сам був ненабагато кращим. Єдина різниця в тому, що коли я кажу: «Кохана, ти знаєш, де мій…?», після того як у відчаї шукав якийсь інструмент чи щось подібне, зазвичай минає лише мить — і вона з усмішкою вкладає мені це в руку.

До цього часу все, що ми губили, було лише тимчасово.

На пляжі

Ми сиділи на пляжі Ла Віла Хойоса, на Коста Бланці, в Іспанії. Сонце зігрівало шкіру, море рівномірно шуміло. Ідеальний момент, щоб продовжити писати книгу «Усе тимчасово».

Я якраз набирав кілька рядків, коли моя дружина запитала: «Коханий, ти зараз працюєш над своєю книгою?»

«Так», — була коротка відповідь.

Вона засміялася й сказала: «Тоді ти маєш робити й те, що пишеш. Насолоджуватися моментом. Бо він тимчасовий». Ми обоє засміялися. Я відклав ноутбук убік, ми підвелися й разом стрибнули в море.

Вода була прохолодна, мить — легка, сповнена радості. І раптом воно стало дуже ясним — саме те, про що я пишу: життя, мить, тепер.

Іноді не потрібні великі слова. Іноді достатньо маленького нагадування, що тут і тепер — це все, що ми насправді маємо. Ця мить, сміх, сонце, вода — усе це унікальне і ніколи не повертається точно таким самим.

І саме це є серцевиною цієї книги: писати про життя — гарно, але жити життям — важливіше. Бо життя як море. Воно рухається, змінюється, ніколи не стоїть на місці. І кожен стрибок у нього, кожен подих, кожна хвиля — доказ цього:

Усе тимчасово.

Дратує дорожній рух?

Із юності їзда на мотоциклі була частиною мого життя, хоча й лише за гарної погоди. Серед байкерів я радше з обережних, бо виїжджаю тільки тоді, коли світить сонце. Той, хто їздить, добре знає це відчуття: свобода, швидкість, вітер на шкірі й водночас постійна увага, якої це потребує.

Але були періоди, коли в мені було багато злості, насамперед на водіїв автомобілів. «Він мене не бачить?» або «Він же зараз не виїде!» — ці фрази не раз вигукувалися в шоломі.

Тоді було важко зрозуміти, як деякі люди можуть кермувати так необережно. Ти робиш усе можливе: бути помітним, їхати оборонно, робити все правильно — і все одно трапляються ситуації, коли тебе як мотоцикліста ледь не не помічають. Тоді починалися злість, жести, образи, а інколи це відчуття трималося днями.

Лише пізніше, коли я сам почав частіше пересуватися автомобілем, сталося щось вирішальне: ті самі помилки траплялися й зі мною. Не зі злої волі, а просто тому, що з автомобіля деякі речі справді легко не помітити.

Мотоцикл менший, маневреніший, часто швидший, ніж очікує око. І раптом я сам став тим, на кого раніше злився б. Це був переломний момент, бо стало ясно: злість нічого не змінює. Вона лише споживає енергію — енергію, яку можна краще використати на щось інше.

З часом прийшло більше спокою, і це було полегшенням.

Сьогодні я кажу своїм дітям, які теж їздять на мотоциклі: «Як мотоцикліст ти маєш дивитися за двох — за себе і за водія автомобіля. Їдь так, ніби тебе ось ось не помітять». Ця фраза супроводжує нас і донині.

Звісно, і досі бувають моменти, які дратують: люди, які під'їжджають надто близько, які сигналять, підрізають або користуються телефоном під час руху. Але зберігати спокій корисніше, бо що змінилося б від злості? Інший часто навіть цього не помічає, а зрештою шкодиш лише сам собі.

Раніше були б жести, можливо, навіть провокація. Сьогодні достатньо глибокого вдиху і думки: це теж лише мить.

І це правда. Коротка мить, крихітна частка порівняно з усіма годинами, днями й роками, які має життя. Навіщо витрачати енергію, якщо вже за мить це мине?

Спокій — це форма сили. Зберігати рівновагу, коли інші розпалюються. Усміхатися там, де інші проклинають. Хто здатен на це, той зрозумів, що справді важливо.

Злість на дорозі минає, як і все інше. І чим частіше ти собі про це нагадуєш, тим менше щось дратує.

Бо і в дорожньому русі діє: Усе тимчасово.

Зміни

Зміни, на мою думку, є єдиним у житті, що справді залишається.

Усе навколо нас перетворюється: люди, місця, почуття, думки. Навіть те, що здається непорушним, не лишається таким, як було. І хоча в глибині душі всі це знають, багатьом це страшно. Вони чіпляються за звички, за стосунки, за речі, за рутини, які дають відчуття безпеки. Але життя не є застиглим зображенням, воно тече.

З роками мені стало ясно: змін не треба боятися. Вони як хвиля. Того, хто намагається її зупинити, вона збиває; того, хто вчиться плисти разом із нею, вона несе.

Іноді зміни приходять тихо, як думка, маленьке рішення, зустріч, яка щось зрушує. А іноді вони вдаряють усією силою — через втрату, розрив, хворобу або смерть близької людини. Якою б не була форма, в якій вони з'являються, майже завжди відбувається те саме: вони змушують нас дивитися, і саме в цьому їхня сила.

Було багато моментів, коли виникало запитання: чому саме зараз? Сенс часто відкривався лише пізніше. І не одна річ, яка відчувалася як крок назад, насправді була новим початком. Щось старе мало закінчитися, щоб могло з'явитися щось нове.

Зміни не завжди приємні, але вони необхідні. Без змін не було б зростання. Ми б застрягли — через комфорт або через страх. Але життя хоче руху, хоче розвитку.

Можливо, секрет у тому, щоб не боротися зі змінами, а зрозуміти їх. Вони не ворог, вони вчитель. А як кожен учитель, вони показують речі, які ми не завжди хочемо бачити. Коли це осідає в голові, зміни втрачають свою загрозливість. Тоді вони стають тим, чим є насправді: природною частиною життя.

Сьогодні я сприймаю перетворення спокійніше. Вони приходять так чи інакше, готові ми чи ні. І так само очевидно: кожна фаза, кожен розрив, кожен рух є минущим.

Ніщо не залишається однаковим назавжди, і це добре. Бо жити означає змінюватися, а змінюватися означає:

Усе тимчасово.

Здоров'я — найцінніше благо

Здоров'я. Що може бути важливішим?

Коли озираєшся назад, стає очевидним, скільки всього втрачається, коли тіло перестає слухатися: біль, менша рухливість, залежність від інших, страх - і інколи такожфінансові турботи. Саме тому ця тема має тут окремий розділ. Бо робота, майно чи визнання стають дрібницями, коли бракує здоров'я.

Чому здоров'я таке крихке.

У повсякденному житті накопичується багато навантажень. Дуже мало руху. Поганий відпочинок. Нездорова їжа. Постійний стрес. До цього додаються довкілля, генетична схильність іноді просто невезіння.І часто це усвідомлюють надто пізно. Багато проблем виникають непомітно й ростуть роками, аж поки в якийсь момент тіло каже: досить.

Що зачіпає багатьох людей у Німеччині. Коли дивишся на статистику, знову і знову з'являються схожі теми. Наприклад, болі в спині, підвищений артеріальний тиск і порушення обміну жирів, як-от підвищений рівень холестерину. Підступність у тому, що багато з цих речей спочатку насправді не болять. Або до них звикають. І так вони лишаються непоміченими.

Здоров'я — це не власність, яку маєш один раз і назавжди. Це радше як банківський рахунок. Можна поповнювати. А можна постійно знімати, аж поки одного дня нічого не залишиться.

Куріння - чому це не гра Куріння є одним із найбільших ризиків для здоров'я. У димі міститься багато токсичних і канцерогенних речовин. Наприклад, бензол, формальдегід, чадний газ і аміак. Також згадують такі речовини, як миш'як або кадмій. Це не «дрібниці, які нешкідливі». Ці речовини пошкоджують дихальні шляхи, серцево-судинну систему та клітини й, серед іншого, підвищують ризик раку.

Мій особистий досвід У своїй школі бойових мистецтв я знову і знову бачив одне й те саме протягом багатьох років: хто думає «саме минеться», той часто усвідомлює надто пізно, що тіло довго страждає мовчки, перш ніж подати голос.

У моєму випадку було так: у п'ятнадцять років я почав курити. У компанії друзів тоді це було «круто». Я й гадки не мав, що насправді з собою роблю. У двадцять два хтось поставив мені просте запитання: «Чому ти взагалі куриш?» Розумної відповіді не було.

Тож я взяв пачку, викинув її у смітник разом із рештою сигарет і більше ніколи не курив. І так: це було маленьке рішення з великим ефектом. До сьогодні воно нагадує мені, що й погані звички тимчасові, якщо людина готова покласти їм край.

Оскільки ця тема для мене важлива, я також хочу порекомендувати книгу, яка в нашому домі справді зробила різницю: «Mi regalo para tu placentera deshabituación del tabaco» («Мій подарунок для твого приємного звільнення від тютюну») — Peter Kruse.

Вона написана не сухо, а радше мотивувально й легко для розуміння. Моя дружина Сільвіна кинула курити з її допомогою.

Що ти можеш зробити сьогодні. Без тиску, без досконалості. Просто подивитися чесно:

• Як у тебе з рухом? • Як ти спиш? • Як часто стрес став «нормальним»? • Якщо ти куриш або курив: що це може забрати в тебе в довгостроковій перспективі?

І найважливіше: будь вдячний своєму тілу. Стався до нього добре. Здоров'я не є гарантованим. Це великий подарунок.

І як усе в житті: тимчасове.

Сенс мого життя

Який сенс життя, якщо всі ми перебуваємо на цій прекрасній планеті лише такий короткий час? Багато хто шукає відповідь протягом усього життя.

З часом мені стало ясно: сенс не десь зовні. Він народжується там, де робиться щось добре.

Для мене це означає зробити свій маленький внесок, допомагати людям ставати сильнішими не лише фізично, а й усередині. Як тренер я бачу це щодня: коли хтось виходить із тренування трохи більш випрямленим, коли погляд стає яснішим, коли плечі піднімаються, бо зростає впевненість у собі. Тоді з'являється це відчуття: це правильно. Це має сенс.

Бойові мистецтва для мене — це більше, ніж техніка, дисципліна й рух. Це школа життя. Вони вчать мужності, повазі, терпінню та уважності — до інших і до самого себе. Вчишся падати й підніматися. Вчишся відстоювати себе, не стаючи зарозумілим. І розумієш, що справжня сила не в тому, щоб боротися, а в тому, щоб розуміти.

Тож коли виникає питання, у чому сенс мого життя, відповідь проста: допомагати людям відкривати свою самооцінку, показувати їм, що всередині них є більше, ніж вони думають. І якщо зрештою хтось іде життям хоча б трохи більш випрямлено, зі спокійнішим поглядом і більшою внутрішньою тишею, тоді моя частина виконана.

Але сенс полягає не лише в тому, щоб бути для інших. Він також у тому, щоб використати мить, насолодитися нею, прожити її, бо в якийсь момент стало по-справжньому ясно:

Усе тимчасово.

Тому менше часу залишається на переживання через речі, які, можливо, ніколи не станутъся, і менше енергії — на те, що неможливо змінити. Не тому, що це не важливо, а тому, що це не йде на користь і не допомагає ні мені, ні будь-кому іншому.

Час має текти туди, де він має значення: до сім'ї, друзів, людей, які важливі, бо час із ними цінний.

До цього додається те, за що я вдячний: завдяки своєму захопленню я можу заробляти на життя — достатньо, щоб мати будинок, автомобіль, відпустки й хороше життя. Багатство ніколи не було метою, бо ніхто нічого з цього не забере. Ми йдемо так само, як приходимо: з порожніми руками.

Тоді навіщо марнувати цінний життєвий час лише для того, щоб без потреби накопичувати гроші або матеріальні речі? Для мене важливіше те, що проживається, що віддається і з ким цей час ділиться.

Можливо, саме в цьому й сенс. Не прагнути змінити велике ціле, а діяти в малому — з серцем, зі смиренням, з усвідомленістю.

Бо те, що ми даємо, залишається на мить. І ця мить має значення.

Вона теж тимчасова.

Що залишається, коли все минає

З плином часу все стає яснішим: усе — питання перспективи. Те, що сьогодні дратує, ранить або нервує, за кілька тижнів, місяців чи років майже не має ваги, відходить на другий план — і, можливо, саме тоді ми відчуваємо велике полегшення.

Знову і знову помітно, наскільки по різному люди реагують на одну й ту саму ситуацію. Те, що одного повністю виводить із рівноваги, інший приймає лише знизавши плечима. Часто справа не в тому, що сталося, а в тому, як це тлумачиться. Кожна людина носить у собі власний світ.

Багато хто вважає, що щастя десь зовні — у речах, у досягненнях або у визнанні. Але рідко це справді відчувається саме так. Щастя радше народжується в моментах ясності, у миттєвостях, коли ти на мить перестаєш шукати. Це не постійний стан. Це короткі й чесні секунди, коли ти просто є.

І життя не чекає, поки ми будемо готові. Воно просто відбувається. А той, хто намагається все контролювати, зрештою виснажується. Звісно, ми прагнемо безпеки, стабільності, передбачуваності, але життя — це рух, а рух означає зміни.

Іноді здається, що все потрібно зрозуміти. Але не все потребує пояснення. Деякі речі можна просто прожити: сумувати, сумніватися, мовчати. Це така ж частина життя, як радість або успіх.

Можливо, мудрість — це не що інше, як примиритися з тим, що неможливо змінити. І з часом також стає ясно: навіть складні фази мають своє місце. Вони роблять нас м'якшими, спокійнішими, інколи навіть більш вдячними. Бажання тримати все під контролем стає меншим. Натомість важливішим стає жити усвідомлено, цінувати моменти, не нав'язуючи їм одразу якогось значення. Бо кожна думка, кожне відчуття, кожна людина, яку ми зустрічаємо, лише на певний час стає частиною нашого шляху.

Саме це робить усе таким прекрасним. І часом таким болісним. Але таке життя.

А жити означає відпускати — і йти далі.

Бо все, що зрештою залишається, — це спогад про те, що все тимчасове.

Прощання

«Дорога спільното скорботи,

сьогодні ми зібралися тут, щоб попрощатися з нашим другом…

Серед нас його родина, його дружина… і його донька…, а також колишні колеги з медичної сфери, друзі та члени його групи Він Чун.

Тепер я говорю від імені цієї групи Він Чун (Wing Chun)

У 2001 році, дорогий…, ти почав тренувати з нами Він Чун. Відтоді минуло приблизно двадцять п'ять років. Років, упродовж яких ти не лише любив це бойове мистецтво, а й жив ним.

На Філіппінах ти навіть облаштував собі власний тренувальний зал, з манекеном, тренувальним обладнанням і всіма своїми сертифікатами.

Ти просив мене зробити для тебе манекен Він Чун. Ти хотів поставити його у вашій другій квартирі в Берліні. Я погодився це зробити, але завжди виникало «щось»: тут ремонт, там підготовка до іспиту, і я думав: «У мене ще є час, щоб зробити манекен». Зрештою часу не вистачило.

Я неправильно розставив пріоритети й не виконав твоє бажання.
Я втратив цю можливість, і саме в цьому видно, що все в житті тимчасове.

Сьогодні я глибоко про це шкодую.

Ти супроводжував мене на семінари по всій Європі: у Франції, Португалії, Англії та багатьох інших місцях. Твій ентузіазм завжди був великий, і протягом усіх цих років ти ніколи не переривав тренування.

Тобі також вдалося захопити Він Чуном твою доньку… Вона не лише успадкувала твою пристрасть, а й показала надзвичайний талант. Тренуватися з нею завжди було для мене чимось особливим. Для мене було б великою честю продовжити її навчання й разом із нею поглиблювати шлях Він Чун, який ти розпочав. Лише твою дорогу дружину… ти так і не зміг переконати, хоча ми часто говорили про це разом із усмішкою.

… був не лише моїм учнем і партнером по тренуваннях, а й моїм стоматологом. Я пам'ятаю лікування кореневого каналу в його практиці. Коли він помітив, що мені боляче, запитав: «Тобі болить, Маріо?» А я з усмішкою відповів: «Так, болить. Але не хвилюйся, я тобі це поверну на наступному тренуванні».

Цей спогад також показує гумористичний бік нашої дружби, бік, який усім нам ішов на користь.

Ми, люди, часто віримо, що маємо весь час світу. Але це не так. **Усе тимчасово**.

За наші двадцять п'ять років разом я ніколи не думав, що це колись може закінчитися. Ще в липні цього року 2025 ми зустрілися в міському парку Дуйсбурга Райнгаузена, щоб потренуватися разом, сповнені надії знову бачитися більш регулярно в майбутньому.

Тепер усе стало інакше. Те, що нам залишилося, — наші спогади й урок: «Усе тимчасово». Ми ніколи не знаємо, коли буде «останній раз».

Тому ті, хто ще може побути трохи довше на цій маленькій планеті, будьмо вдячні. Вдячні за час, який нам подаровано. Проживімо цей час якнайповніше й найщасливіше.

… і я вручаю тобі, на знак визнання твоєї праці як інструктора і як частини нашого Він Чун Пай, нашої родини Він Чун, сертифікат і пояс Black Belt Close Range Combat Academy. …, твій шлях у Він Чун продовжується в нас, у кожному тренуванні, у кожній техніці, у кожному спогаді. Твоя пристрасть живе в нас і ніколи не закінчиться. Ми тебе любимо».

Таке було моє прощання…

Усе тимчасово часто робить мене сумним. Прощання є частиною життя, хоча ми воліли б їх уникати. Іноді вони приходять тихо, іноді з усією своєю силою, але вони завжди приходять. Чи то втрата людини, відхід друга, кінець кохання або просто покидання

знайомого місця — кожне прощання залишає слід.

У моєму житті я пережив багато прощань. Деякі були остаточними, інші лише тимчасовими. Але незалежно від того, в якій формі вони приходили, вони завжди мене змінювали. Спочатку майже завжди є біль, це відчуття порожнечі й втрати, і здається, ніби ця порожнеча ніколи не зникне.

Але вона зникає, повільно, крок за кроком. Я навчився, що відпускати не означає забувати. Це означає прийняти, що щось завершилося, і саме в цьому є мир.

Ми часто боїмося прощань, бо віримо, що те, що прийде потім, має бути гіршим. Але життя навчило мене протилежного. Кожен кінець також містить початок. Просто цього не видно одразу, бо погляд ще прикутий до того, що залишилося позаду.

Я пам'ятаю багато моментів, коли думав: "Ось і все. Тепер усе інакше". І так, воно було інакше. Але інакше не завжди означає погано. Інакше — це просто нове. А нове — це те, що дає нам зростати.

Іноді нам доводиться відпускати людей не тому, що ми їх більше не любимо, а тому, що їхній час у нашому житті завершився. Зрозуміти це було нелегко. Але коли це розумієш, прощання втрачає частину свого страху.

Сьогодні я дивлюся на прощання інакше. Я знаю, що все, що було для мене справді важливим, зберігає місце всередині мене: у спогадах, у думках, у тому, чого я з цього навчився. Я також знаю, що одного дня я сам стану частиною чиїхось прощань, і це нормально.

Бо прощання означає не лише кінець, а й зміну. Це перехід, тихе нагадування про те, що все, що ми любимо, нам лише позичене. І коли це приймаєш, біль стає м'якшим, а вдячність — сильнішою. Бо навіть найглибше прощання не назавжди; воно лише змінює свій тон, як і все в житті.

Усе тимчасово.

«Стіна»

Поки я писав цю книгу, я часто думав про те, якою могла б бути обкладинка. Мені не спадало на думку жодної відповідної ідеї. Тож я попросив про допомогу мого молодшого сина, який якраз починав навчання мистецтву. Оскільки «все тимчасове», він запропонував узяти за основу стіну, стіну, що потроху кришиться. Мене це одразу захопило, бо ця ідея ідеально пасувала до сенсу книги.

Коли я побачив перші ескізи, я неминуче подумав про Берлінську стіну. Так і народилася ідея цього розділу.

Коли у 1989 році впала Берлінська стіна, для мене це було дуже далеко, майже як подія в іншій країні. І це попри те, що до кордону нових федеральних земель, як їх називають сьогодні, було лише близько 300 кілометрів. Але в молодості мене не цікавила політика. Було як було, і я думав, що все одно нічого змінити не можна.

Те, що роками пізніше мене жартома називатимуть «Wossi», сумішшю «Wessi» і «Ossi», тоді я б ніколи не уявив. Згодом я багато часу проводив на сході, інколи навіть більше, ніж на заході. У деяких моїх друзів там були родичі, яких вони час від часу відвідували. Для нас було ясно: так буде завжди.

Але потім настав 1989 рік. У новинах було видно, як люди виходять на вулиці в Лейпцигу, Дрездені та Берліні. Вони скандували «Ми народ» і вимагали свободи. У той момент я не до кінця розумів, що відбувається, але відчував, що щось змінюється. А потім, 9 листопада, стіна впала. Як і багато інших, я сидів перед телевізором і не міг у це повірити. Люди танцювали, плакали, обіймалися. Цілий народ раптом став вільним.

У 1991 році я вперше був у східній частині Німеччини. Це було водночас шоком і чудовим досвідом. Вулиці, будинки й крамниці здавалися старими, багато чого було занедбаним. Але люди були теплі, доброзичливі й готові допомогти. Відчувалася згуртованість, якої я не знав. Усі допомагали всім.

Оренда становила від 20 до 60 німецьких марок, зарплати — від 300 до 500 марок. Для мене це було немислимо, майже як інший світ.

Я пам'ятаю довгі черги перед Konsum, продуктовою крамницею. Дуже рано вранці люди вже стояли надворі, коли казали: «Завтра будуть банани». І все ж вони випромінювали задоволення й теплоту, які глибоко мене вразили. Протягом років склалися дружні стосунки: у Мекленбурзі-Передній Померанії, у Бранденбурзі, де я познайомився зі своєю другою дружиною, і в Тюрингії, де живе мій найкращий друг зі своєю родиною.

Коли сьогодні я їду до Бад Зальцунґена, я часто думаю: «Вау». Усе доглянуте, сучасне й гарне. Вулиці, магазини, будинки — усе здається новим і чистим. Натомість, коли я їду Північним Рейном Вестфалією, на жаль, я не можу сказати те саме. Схід наздогнав решту й, можливо, в багатьох аспектах навіть перевершив її.

Моя друга дружина, народжена в Бранденбурзі, виросла в самій системі колишньої НДР. Завдяки їй я отримав уявлення про життя в Східній Німеччині. Вона розповідала мені: «Усі мали роботу. Ми були у FDJ, Вільній німецькій молоді. Ми допомагали одне одному». Це звучало як спільнота, як згуртованість. Але під поверхнею були також страх і контроль.

Пошепки говорили про Штазі, державну таємну поліцію, організацію, що стежила за всіма і за всім. «Хто погано говорив про систему або казав, що не можна подорожувати, мав проблеми», — пояснила вона мені.

Багато хто просто казав: «Так воно є. Ми нічого не можемо змінити». Але це можна було змінити. Між 1961 і 1989 роками все здавалося непорушним, і все ж це було лише тимчасовим. Усе було тимчасовим. Усе тимчасово.

Тема автомобілів теж була особливою. Хто хотів купити Trabant, якого лагідно називали «Trabi», мав чекати до 18 років. Запасних частин майже не було. Людям доводилося викручуватися, імпровізувати, ремонтувати, шукати рішення. Вони навчилися допомагати собі самі. Ця креативність і ця воля витиснути найкраще з дуже малого були вражаючими.

Коли сьогодні я думаю про все це, я бачу епоху, сповнену контрастів: нестача й солідарність, контроль і мужність, втрата й новий початок. Падіння стіни показало, що навіть системи, які здаються вічними, можуть зникнути. Стіни падають. Кордони розчиняються. Усе змінюється.

Свобода означає не лише не мати стін навколо, а й не мати стін у голові. Усі ми інколи носимо межі всередині себе: старі переконання, страхи, звички. Але якщо ми готові відпустити їх, ми розуміємо, що зміни завжди можливі. Ніщо не триває вічно. Усе перетворюється.

Усе тимчасово.

Цвях і сокира

На початку сімдесятих. Мені й моєму молодшому братові було, мабуть, років шість і сім. Нам дуже подобалося бігати босоніж по подвір'ю. Хто читає назву цього розділу, уже здогадається: це не завжди була добра ідея.

Поруч із нашим будинком тоді будували багатоквартирний будинок. Для нас це було не будівництво, а парк пригод. Коли робітників не було на вихідних, ми пролазили на сусідню ділянку. Там були камені, дошки, дерев'яні рейки, цвяхи, плями дьогтю і, передусім, дуже багато «matsche», густого болота.

З глини й води ми робили власний «бетон». Ми називали це просто багном. Ним ми склеювали камені, будували маленькі вежі й зводили крихітні стіни. Вони ніколи довго не трималися, але було неймовірно весело створювати щось власними руками. І одночасно це розвивало творчість, хоча тоді поруч не стояв жоден педагог, щоб дати цьому назву.

Ходити босоніж по чужому будівництву інколи закінчується погано. Спочатку я нічого не помітив. Раптом брат дивно на мене подивився й сказав: — Маріо, у тебе до ноги приліпився шматок дерева.

Я подивився вниз. З моєї стопи звисала дошка десь сантиметрів п'ятдесят. Сьогодні я знаю, що, ймовірно, це була рейка з даху. Я не мав уявлення, чому вона висить на мені. Мені й на думку не спало, що довгий даховий цвях пройшов крізь дерево й глибоко встромився мені в п'яту. Тож, коли я йшов, я тягнув дошку за собою.

Спочатку ми сміялися. Сцена була справді кумедна, ніби на мені був гігантський черевик. Можливо, я навіть подумав, що дошка прилипла через багно або через чорний дьоготь, який був усюди.

Щоб звільнитися, я поставив здорову ногу на рейку й спробував підняти іншу. Не вийшло. Брат сказав: — Підійми ногу, я подивлюся.

Я підняв ногу. Він подивився на неї цілком спокійно й сказав, ніби це було найзвичайніше у світі: — У тебе в нозі цвях.

У ту мить я побачив цвях. І лише тоді почався крик. Дивно, але до тієї миті болю не було. Він прийшов потім, коли я, кульгаючи, повертався додому.

Мій батько був сильним і здоровим чоловіком. Речі вирішували так, як було заведено. Без лікаря, без швидкої, без драми. Він подивився на ногу й просто сказав: — Лягай на кухонний стіл. На спину. Ногу вгору.

Так тоді було.

Він на мить вийшов і повернувся з двома пляшками. В одній був оцет. Друга була порожня скляна пляшка. Я не мав уявлення, яке це має відношення до моєї ноги, але дуже швидко все стало зрозуміло.

Він поклав ногу так, щоб добре було видно підошву, і полив рану оцтом. У ту мить біль повернув усе, що до того «загубилося». Пекло, як вогонь.

Потім настала черга порожньої пляшки. Лівою рукою він тримав мою щиколотку, а правою кілька разів ударив п'яту краєм дна пляшки.

Єдина думка була: це покарання за дурницю, яку я зробив. Я ридав навзрид. А він лише сказав: — Не плач. Удари потрібні, щоб вибити бруд із рани. Ти наступив на іржавий цвях.

Це не зняло болю, але заспокоїло. Якщо тато казав, що так треба, значить, так і треба.

Зрештою він наклеїв пластир або щось подібне. А потім ми знову вийшли гратися. Без лікаря. Без лікарні. Без картки щеплень у руках. Лікарів ми в дитинстві майже не бачили, хіба що для якогось щеплення. Це було нормально.

А тепер історія про сокиру. Не хвилюйся, це буде не так серйозно. Принаймні не для мене. Цього разу черга була мого молодшого брата.

У шість років йому подобалося все трощити й розбивати. Мій батько часто працював молотком, сокирою, ломом і пилкою. Для брата це був рай.

Часто він міг обирати, чим саме хоче «працювати». Тоді він сідав босоніж на свою маленьку кругленьку дупку й щасливо лупцював усе, що траплялося. Сьогодні це, можливо, назвали б "випускати злість". Тоді все було просто: дитина, інструмент і щось, по чому можна бити, — і у дворі був спокій.

У дворі в моїх батьків був сарай із кролями, качками й курми. Над ним була щось на кшталт відкритого горища. Одного дня брат заліз туди із сокирою. План: розколювати камінчики.

Він сів, узяв сокиру в руки, підняв її над головою й спробував ударити камінь лезом. Звісно, кілька разів промахнувся. Здалеку.

У якийсь момент він змінив стратегію. Що в нього було в голові, я не знаю. Мабуть, щось на кшталт: тонким боком не влучаю, тоді широким. Уже тоді він був налаштований на вирішення проблем.

Він лише забув одну деталь: коли він перевернув сокиру й підняв її, лезо тепер опинилося над його власною головою.

І він продовжив бити. Із двору нічого не було видно. Але було чути його сміх. Дитячий і щасливий сміх. У його сприйнятті нова стратегія працювала.

Камінь, звісно, був занадто твердий. Шестирічна дитина не розколе камінь сокирою. Але в нього було завдання, і цього було достатньо.

Напевно, наступна думка була: влучаю, але не з достатньою силою. Отже, більше розмаху. Швидший рух. Втомлені руки. Важкий інструмент. І в якийсь момент це сталося.

Сокира вислизнула з рук. Або він сам ударив себе нею по голові. Точної правди ми вже ніколи не дізнаємося.

Внизу, у дворі, раптом настала тиша. Ні ударів. Ні сміху. Тиша. Мені це здалося дивним. Доречним, бо ми іспанці.

Тож я покликав його. Відповіді не було. Я ще не був по справжньому стурбований, радше мені було цікаво, і як п'ятирічна дитина я піднявся дерев'яними сходами.

Він сидів там. Кров на руках, на обличчі й на лобі. І що він робив? Грався нею. Мацав кров так, ніби це була просто ще одна форма багна.

Я злякався. Він — ні. Можливо, це був шок. Можливо, дитяча необізнаність. Коли я заговорив до нього, він усміхнувся. Сьогодні, чесно кажучи, це б мене налякало. Дитина, вся в крові, яка усміхається. Для нього це було просто щось слизьке.

Кров повільно текла з рани на лобі. Не фонтаном, але постійно. І що закричав я, цілком природно? — Тату, нам потрібні оцет і порожня пляшка!

Мій брат бачив наживо історію з цвяхом у нозі. Почувши це, він одразу почав кричати. Напевно, в його голові розгорнувся маленький фільм жахів: оцет у рану, а потім тато з пляшкою, який б'є йому по голові, щоб «вибити бруд».

Бідолаха.

Решта була рутиною. Почистити. Оцет — це добре. Пластир. І знову гратися.

Можливо, ти питаєш себе, яке відношення ці божевільні дитячі історії мають до теми цієї книги. Дуже велике.

Тоді було нормально не йти до лікаря через іржавий цвях у нозі або розсічення на голові. Без швидкої. Без телефону. Навіть без стаціонарного з дротом, не кажучи вже про мобільний.

«Лікування» було оцет, скляна пляшка, пластир і фраза: — Іди гратися далі.

Сьогодні більшість батьків, мабуть, викликали б швидку або одразу поїхали б у невідкладну. Правець, інфекція, шрам, рентген, можливо, навіть соціальні служби, які вже крутяться в голові.

Обидва підходи — це спосіб бачити речі. І в кожного є свій час. І ось у чому суть. Так само тимчасовим є й те, як ми лікуємо хвороби, нещасні випадки й як ставимося до дітей. Це постійно змінюється. На щастя.

Раніше багато чого було жорсткішим, але й простішим. Сьогодні багато чого безпечніше, але часто й більш боязке. Медицина радикально змінилася й значно покращилася. І хай так і буде далі.

Те, що вчора було нормальним, сьогодні інколи здається жорстоким або безвідповідальним. А те, що сьогодні вважають єдино правильним шляхом, можливо, через кілька десятиліть здаватиметься так само застарілим.

Те саме стосується стилів виховання, страхів, довіри до технологій і систем, і того, як ми справляємося з болем. Усе рухається.

Коли сьогодні я думаю про цвях у п'яті й історію із сокирою, я усміхаюся. Не тому, що це було нешкідливо, а тому, що це показує, як сильно змінюються часи.

Тоді оцет був ліками від усього. Сьогодні за кожною подряпиною шукають у Google. Тоді мій батько був невідкладною допомогою. Сьогодні, ймовірно, втрутилися б кілька спеціалістів, апарати й формуляри. І те, й інше щось говорить про епоху, в якій ми живемо.

І тому тут також доречна ця думка:

Усе тимчасово. Методи. Інструменти. Страхи. Безпека. І також ми самі.

Залишаються історії, які ми з цього робимо. І часом невеликі шрами, про які через багато років усміхаючись кажуть: — Пам'ятаєш…?

Затор на А44

Затор на автомагістралі А44, у напрямку з Касселя до Дортмунда. Попереду мене й позаду мене: легкові авто, вантажівки, світло фар. Усе стоїть. Ніщо не рухається.

Двигун вимкнений. Фари теж. Люди виходять із машин, ходять автобаном, телефонують, нервово набирають щось у своїх мобільних.

За деякий час по радіо звучить повідомлення: «Автомагістраль А44 між Ервітте та Зостом перекрита через аварію».

Приблизно через десять хвилин уздовж розділювальної смуги проїжджають швидкі, пожежні, евакуатори та ADAC. Сирени звучать, сині маячки блимають. Атмосфера спокійна, але якимось чином напружена.

Це один із тих моментів, коли багато хто думає: Яка катастрофа. Це мені зараз зовсім не підходить. І так, я добре знаю цю думку. Раніше, мабуть, я відреагував би так: почати нервувати, стукати по керму, дивитися на годинник, злитися.

Сьогодні я реагую інакше. Я зупиняюся й думаю: гаразд. Так є. Я нічого не можу змінити. Тож я можу або з'їсти себе зсередини, або використати цей час.

І тоді я починаю дивитися навколо. Небо. Поля. Інші люди. Маленький світ у великому світі. Усі ми стоїмо тут разом. Усі ми чекаємо. І врешті решт усі ми поїдемо далі.

І ось думка, яка щоразу мене заспокоює: цей затор теж тимчасовий. Він мине. Можливо, за пів години. Можливо, за годину. Але він мине.

І ще одна думка: десь там, попереду, щойно сталася аварія. Для когось усе склалося зовсім інакше. Хтось, можливо, поранений. Хтось, можливо, помер. І тоді твоя «затримка» раптом перестає бути проблемою.

Коли це усвідомлюєш, у грудях стає тихіше. Ти стаєш вдячним, що сидиш у своїй машині й просто чекаєш. Вдячним, що можеш дихати. Що можеш знову їхати далі.

Ми часто забуваємо, що маленькі незручності — це розкіш. Бо справжні проблеми виглядають інакше. І вони можуть прийти дуже швидко.

Можливо, затор навіть є маленьким подарунком. Незапланованим, але він є. Можливістю заспокоїтися, подумати, відчути, просто бути.

Наступного разу, коли ти опинишся в заторі, любий читачу, спробуй зробити це інакше. Глибоко вдихни. Розслабся. Послухай музику або насолодись тишею. Витисни найкраще з часу, який у тебе все одно є. І порадій, що причина цього затору — не ти.

Затор, яким би довгим він не був, лише тимчасовий.

Піщинка в Чумацькому Шляху

Іноді допомагає зробити себе трохи меншим. Не в сенсі «я нічого не вартий», а в сенсі: я не є центром всесвіту. І це добре.

Ідея цього розділу народилася не в розкішному офісі, а дуже просто, на нашому будівництві. Я стояв біля бетономішалки, змішуючи щебінь, цемент і воду, щоб разом із моїм братом і нашим другом Маттесом будувати гараж. Переді мною була велика купа бетонного щебеню фракції від 0 до 32 мм. Тисячі дрібних камінців. Усі різні і водночас, якимось чином, однакові.

У той момент з'явилася думка: якби кожен із цих камінців був зіркою або планетою, то якою маленькою тоді була б наша Земля. І якими маленькими були б ми, люди.

Тож зробімо уявний експеримент.

У нашому Чумацькому Шляху є, за нинішніми оцінками, приблизно 100 мільярдів зірок і щонайменше стільки ж планет. Для спрощення візьмімо близько 200 мільярдів небесних тіл.

Тепер скажімо: один камінець представляє одну зірку або одну планету. Тоді нам знадобилося б 200 мільярдів камінців. Це було б приблизно 800 мільйонів кілограмів, тобто близько 800.000 тонн бетонного щебеню. А щоб перевезти їх, знадобилося б приблизно 32.000 повних вантажівок. Лише для нашого Чумацького Шляху. Не для всього всесвіту. Лише для однієї галактики серед мільярдів.

Наша Земля в цій картині навіть не була б окремим камінцем. Вона радше була б порошинкою на поверхні одного камінця.

А тепер погляньмо на себе: людина має приблизно 1,70 метра.

Поки вона достатньо близько, видно руки, ноги, голову. Але вже з відстані приблизно п'яти або шести кілометрів людину майже не видно неозброєним оком, і то лише за умови абсолютно рівної місцевості, без пагорбів, будинків чи дерев між ними, тобто за повної видимості. Тоді залишається лише крихітна цятка, якщо взагалі щось залишається.

П'ять або шість кілометрів — і ми зникаємо для людського ока. Діаметр нашого Чумацького Шляху становить приблизно 100.000 світлових років. Інакше кажучи, це близько 946.000.000.000.000.000 кілометрів.

Якщо дати цій цифрі подіяти хоча б мить, одразу розумієш: це величина, яку наш розум майже не здатен осягнути. І саме тому стає ясно, наскільки ми крихітні в цьому гігантському цілому.

У такому масштабі ми — лише подих. Не лише ти. Я теж. Усі ми. І тепер постає запитання: добре це чи погано — бути таким маленьким, таким незначним у порівнянні з всесвітом?

Для мене відповідь ясна: це добре. З однієї простої причини: це знімає величезний тягар із плечей. Бо ми часто живемо так, ніби світ закінчиться, якщо щось піде не так. А проте кожен із нас — лише крихітна цятка на маленькій планеті, на другорядному рукаві галактики, яка сама по собі є лише однією серед мільярдів галактик.

Це не означає, що твоє життя не має цінності. Це лише означає, що не все має бути під контролем. Досконалість не є потрібною. Помилки дозволені.

Кілька прикладів:

Незручні моменти. Дурна фраза, обмовка, помилка перед іншими. У голові це здається кінцем світу. У реальності багато хто майже не помічає. А завтра більшості вже байдуже. Усе тимчасово.

Сварки й драми. Конфлікт із кимось, у дорожньому русі, у сім'ї, на роботі. У ту мить він здається величезним. У великому масштабі ця сварка — навіть не піщинка. Відпускати — нормально. Не всі битви потрібно вести.

Перфекціонізм. Багато хто носить у собі фразу: «Я не можу робити помилки». Коли усвідомлюєш, наскільки ти малий у всесвіті, розумієш і таке: резюме — не космічний документ. Жодній зірці не важливі оцінки чи шкільний шлях. Це звільняє, щоб пробувати речі й сприймати провал як нормальну частину життя.

Провал і новий початок. Бізнес банкрутує, стосунки руйнуються, мрія розсипається. Це відчувається величезним. У масштабі Чумацького Шляху — це одне моргання. Це може втішати: почати знову можливо. Ніхто не зазнає поразки назавжди. Бо й це тимчасове.

Страх осуду з боку інших. Скільки разів людина сама себе зупиняє лише зі страху, що подумають інші. Коли стає ясно, що разом ми — лише порошинки у величезній купі щебеню, чужа думка втрачає силу. Власним життям можна жити.

Тут є одна важлива різниця: у космічному масштабі ми крихітні. У людському масштабі ми можемо бути безмежно важливими одне для одного.

Для дитини люблячий погляд батьків важливіший за розмір Чумацького Шляху. Для самотньої людини Один єдиний обіймможе означати більше, ніж усі зорі неба.

Всесвіт не питає, як минув твій день. Але ти можеш зробити день іншої людини кращим. І тут наш шанс: у космічному масштабі ми малі, але у своєму маленькому фрагменті світу можемо мати великий вплив.

Коли приймаєш, що ти не є центром всесвіту, життя стає легшим. Менше тиску. Менше страху. Більше свободи робити те, що справді важливо.

І раптом знову стає доречною фраза: Усе тимчасово. Турботи. Помилки. Злість. Але й можливості. Час. Тіло.

Навіть бетон гаража, який я колись замішував, одного дня матиме тріщини, зітреться й зникне. Ніщо не залишається таким, як є. Ні щебінь у бетономішалці. Ні ти. Ні я. Навіть наш Чумацький Шлях.

І саме тому тут підходить ця фраза:

Усе тимчасово.

Чи все тимчасове?

Під час написання цієї книги я отримав повідомлення:

«Усе тимчасово… доки ти в це віриш. Усе залежить від власного погляду й ставлення. Над почуттями немає контролю!»

Мені довелося перечитати цю фразу кілька разів. Не тому, що її було важко зрозуміти, а тому, що вона щось у мені зачепила. Можливо, в ній більше правди, ніж я спочатку хотів побачити.

Повідомлення було чітким: не все зникає лише тому, що ти в це віриш. Є речі, які залишаються — незалежно від того, як ти на них дивишся. Наприклад, почуття, спогади, туга, а інколи й хронічна хвороба. І особливо тут — у цьому — ми не маємо жодного контролю.

І так, частково це правда.

Бувають фази, які не минають просто так, лише тому, що ти кажеш собі: «це теж мине».

Біль може вкорінитися.

Страх може залишитися.

Іноді навіть радість може зникнути так само швидко, як і з'явилася.

І тоді «Усе тимчасово» раптом звучить не як розрада, а як порожня фраза.

Але саме тоді постає питання: що насправді мається на увазі?

Можливо, «Усе тимчасово» не означає, що нічого не лишається. А означає, що ніщо не залишається таким, як було.

Почуття змінюються.

Спогади змінюються.

Навіть біль змінюється.

Він не завжди зникає. Але він стає іншим. Іноді тихішим. Іноді глибшим. Іноді більш керованим. Іноді — частиною тебе.

У цьому сенсі все тимчасове, бо все перебуває в русі.

Не тому, що ми це контролюємо, а тому, що так улаштоване життя.

Я думаю про людей, які втратили когось важливого. Їхня туга не зникає. Але з роками вона може змінитися. Вона вже не рве так само. Вона стає ніжнішою. Вона перетворюється на пам'ять, на вдячність, на тихий сум.

І я думаю про моменти, які здавалися кінцем. Про ситуації, в яких я був переконаний: «це ніколи не мине». А потім минав час — і я дивувався, що я взагалі так думав.

Можливо, ми маємо надто багато очікувань від себе. Ми хочемо все зрозуміти. Все пояснити. Все розкласти по поличках. Але не все потребує пояснення. Деякі речі просто проживаються.

Іноді «Усе тимчасово» не є відповіддю. Це лише нагадування: зараз так. Але воно не назавжди.

Можливо, сенс у тому, щоб не змушувати себе відпускати щось одразу, а дати собі час.

Бо час робить те, чого ми не можемо зробити силою.

Він змінює погляд.

Він послаблює гостроту.

Він розставляє акценти.

І, можливо, в цьому й ядро: навіть якщо ми не відпускаємо, життя зрештою робить це за нас. Воно зміщує, перетворює, оновлює — тихо, але постійно.

Можливо, обидві позиції мають рацію: думка про те, що деякі речі залишаються, і впевненість, що все змінюється.

Зрештою, справа не в тому, хто має рацію. А в тому, щоб ти дав собі простір для власних думок. І якщо після цього розділу ти на мить замовкнеш і запитаєш себе, що було тимчасовим у твоєму житті — або що ще є тимчасовим, — тоді він виконав своє призначення.

Час відносний

Альберт Ейнштейн колись, сказав: «Час відносний».

Фраза, задумана з погляду науки, але яка також є правдивою і в повсякденному житті. Час відчувається не однаково для всіх. Одна година у стоматолога може відчуватися як вічність. Та сама година з коханою людиною раптом минає так, ніби це було лише п'ять хвилин. Іноді час розтягується. Іноді він вислизає в нас між пальцями.

Коли ми чекаємо, він тягнеться довго. Коли ми переживаємо щось прекрасне, він біжить. І в якийсь момент ти стоїш і запитуєш себе: куди поділися всі ті роки? Це постійно видно й у буденному житті. Вісім годин на роботі, яка не подобається, можуть здаватися нескінченними. Натомість вісім годин із пристрастю, з радістю, зі змістом минають миттєво.

Це знання інколи допомагає мені бути терплячішим. Бо коли стає ясно, що час відносний, багато речей втрачають тиск. Людина менше поспішає. Менше злиться. Стає спокійнішою. Були фази, коли дні відчувалися важкими. Тривога, смуток, перевантаження. У середині цього думаєш: це ніколи не закінчиться. І все ж це минуло. Як усе минає. Навіть важкі години — лише відрізки шляху.

А потім є інші часи. Ті, які хочеться втримати, бо вони легкі, теплі, сповнені життя. Але й вони минають. І саме це робить їх такими цінними.

Час відносний. Він плине. Він змінюється. Він знову й знову показує нам, що ніщо не залишається таким, як є. Можливо, в цьому й сенс. Час не можна втримати, але ним можна скористатися, поки він нам належить.

Бо власний час тимчасовий.

Мобільний телефон

Іноді я запитую себе, коли ми перестали по-справжньому слухати. Коли ми почали більше дивитися на екран, а не в очі людині, яка сидить просто перед нами.

Я бачу це всюди. На тренуваннях, у кафе, у сім'ях, серед друзів. Батьки, які дивляться в телефон, поки їхні діти займаються спортом. Молоді люди, що сидять поруч, але майже не розмовляють між собою. Пари, які виходять повечеряти, і обоє мовчки гортають свої екрани.

Наче ми розучилися бути по-справжньому присутніми.

Іноді я кажу це жартома: «Ви сидите одне навпроти одного. Ви можете говорити між собою. Не треба писати одне одному». Усі сміються.

Мобільний телефон уже давно став більшим, ніж просто пристрій. Це будильник, календар, камера, центр повідомлень і водночас шлях утечі. Постійний супутник. Завжди під рукою. Завжди важливий. І саме тут проблема. Поки ми завжди на зв'язку, ми часто втрачаємо життя, яке відбувається прямо перед нами.

Є одна сцена з тренування, яка врізалася мені в пам'ять. Дитина з гордістю показала щойно вивчену техніку. Подивилася на маму, шукала її погляду. Але вона писала повідомлення. Коли на секунду підняла очі, момент уже минув. Дитина розвернулася і продовжила тренуватися. Без драми. Без слів. Лише цей маленький укол, якого не видно, але який відчувається.

І це стосується не лише батьків. Усі ми є частиною цього. Скільки разів хтось стоїть перед нами, щось розповідає, а ми лише наполовину киваємо. Напів тут. Напів десь в іншому місці. Скільки разів палець ковзає автоматично, замість того щоб подивитися на реальне обличчя перед нами.

На мій погляд, проблема мобільного телефону не в самому пристрої. Проблема в тому, що під ним.

Я думаю, що багато з нас уже погано витримують тишу. Бо тиша не порожня. У тиші людина чує саму себе. А там не завжди лише спокій. Там є думки, тиск, турботи, незавершені справи, інколи навіть самотність. Мобільний телефон дає змогу втекти від цього. Один рух, один свайп — і вже не потрібно відчувати.

Друга причина — звичка. Ми звикли заповнювати будь-який маленький проміжок. Чекати на касі. Сидіти в машині. П'ять хвилин паузи. Раніше це був просто час. Сьогодні це «втрачений час», який швидко заповнюють контентом.

Третя причина — це постійне «я маю бути доступним». Усе може бути важливим. Усе може бути терміновим. І саме так це відчувається. Телефон перетворює кожну мить на маленьке сповіщення. Навіть коли нічого не відбувається, думка все одно тут: щось може статися.

А потім є ще одна причина, яку багатьом не подобається визнавати: ми шукаємо підтвердження. Лайк. Повідомлення. Сигнал, що хтось нас бачить. Це по-людськи. Але коли стаєш залежним від цього, починаєш втрачати справжню близькість. Сидиш поруч, і все ж не перебуваєш тут.

Зрештою проблема мобільного телефону часто є захистом. Він захищає нас від нудьги, від внутрішньої тривоги, від почуттів, від розмов, від рішень. Він робить життя легшим, але робить його менш глибоким.

. І раптом людина помічає: я завжди зайнятий, але не по-справжньому пов'язаний. Ні з іншими. А інколи навіть не з самим собою.

І так, я теж ловлю себе на цьому. Надто часто пальці автоматично тягнуться до телефону. Без причини. Через звичку. Через нудьгу. Або просто тому, що відволіктися стало дуже легко.

І все ж саме в тиші відбувається щось важливе. Справді слухати. Справді бачити. Це відчуття: я по-справжньому тут. Іноді я навмисно відкладаю телефон. Тоді помічаю, як усе стає тихішим. І як багато раптом можна сприйняти, коли нічого не перебиває. Усмішка. Погляд. Розмова, яка набуває глибини.

Усе це є. Просто ми часто це пропускаємо повз.

Можливо, нам варто частіше нагадувати собі: жоден пост, жоден лайк, жодне повідомлення не важливіші за людину, яка сидить із нами в цю мить. Бо одного дня ця мить закінчиться. А те, що не було прожите, не повертається.

Мобільний телефон може зачекати. Життя — ні.

Навіть увага тимчасова, і якщо ми її даруємо, то маємо робити це свідомо.

Що залишається?

Зрештою залишається не те, чим ми володіємо, а те, чим ми ділилися, чого навчали й кого любили. Бо ми залишаємо не речі, а сліди: усмішку, пораду, спогад, можливо, жест, який додав комусь сили, або фразу, що прозвучала в потрібну мить.

Багато людей женуться за цим усе життя: більше грошей, більше безпеки, більше цінності. Працюють, заощаджують, інвестують. Будинки, автомобілі, рахунки. Завжди з відчуттям: коли матиму це, тоді буду в безпеці.

Але зрештою стає ясно: у день Х ніхто нічого з цього не забере із собою. По суті, все, чим ми володіємо, лише тимчасово проходить через наше життя. Гроші, майно, статус, успіх. Усе це є «нашим» лише тимчасово, лише позичене, і одного дня це доведеться повернути.

Про це легко забути. Тоді ми чіпляємося, ніби речі могли б нас підтримати. Але й вони лише супутники на певний час.

Справжня цінність не в тому, щоб мати, а в тому, щоб бути й давати.

Можливо, те, чим ми «володіємо», не є тим, що справді важливо. Можливо, справжнє багатство — це скількох людей ми торкнулися, скільки любові ми дали, скільки разів хтось отримав надію. Бо це ті речі, які залишаються живими, коли нас уже немає.

Речі минають. Спогади залишаються. Майно можна успадкувати, але не тепло усмішки.

Коли це розумієш, багато що стає легшим. Тоді вже не важливо, скільки маєш, а важливо, скільки даєш. Те, що залишається, — це те, чим ми ділилися.

Усе інше було лише тимчасовим.

Погляд назад

Коли сьогодні я озираюся назад, мене дивує, як швидко все минуло.

Як батько трьох дітей я прожив дуже різні періоди. Фази, коли двоє моїх дітей були зі мною майже лише у вихідні, а пізніше — роки, коли я виховував одну дитину сам, тоді як двоє старших уже були дорослими. Кожен із цих періодів був іншим, і кожен був по своєму цінним.

Є ті вихідні, на які чекаєш увесь тиждень: сміх, прогулянки, маленькі пригоди, вечори кіно, розмови — інколи серйозні, інколи дурнуваті. А коли настає недільний вечір, щоразу питаєш себе: куди подівся час?

Пізніше, коли я знову став батьком маленької дитини, я по справжньому зрозумів, наскільки цінні ці миті. Коли дитина спить, сміється, запитує або просто є поруч. Це моменти, які ніколи не повторюються точно так само. Вони минають тихо, майже непомітно — і раптом перед тобою вже молода людина, яка йде власним шляхом.

З часом я навчився не рахувати дні, а відчувати їх. Не чекати, коли діти «нарешті» виростуть, а проживати мить, у якій вони ще маленькі. Бо те, що сьогодні здається звичним, завтра вже стає спогадом.

Батьки багато планують: роботу, зустрічі, обов'язки. Діти живуть у теперішньому. Для них неважливо, скільки зроблено, — важливо, чи ти поруч. І це, на мою думку, найбільший подарунок, який можна дати дітям: час.

Я вдячний за кожну годину, коли я міг бути батьком, за кожну усмішку, за кожне «тату», за це таке звичайне повсякденне життя, яке знову і знову нагадує нам про найголовніше.

Бо одне точно: час із дітьми минає швидше, ніж здається. І не повертається.

Тому насолоджуйся кожною миттю.

Бо й цей час — тимчасовий.

.

Коли діти йдуть з дому

Настає день, коли дитина, яку ти виростив, переїжджає. Той момент, який намагаєшся відкладати дуже довго, бо в глибині душі знаєш, що він настане, і все ж це відчувається так, ніби раптом частина твого власного життя пакує валізу.

Коли мій останній син пішов з дому у 19 років, він подивився на мене й запитав: — І що ти будеш робити тепер без мене? Відповідь вирвалася спонтанно: — Плакати цілий день. Ми обоє засміялися, і водночас стало ясно: у цьому жарті було більше правди, ніж хотілося б визнавати.

У тижні перед тим це запитання з'являлося часто: — Як ти почуваєшся з переїздом? З новим містом? І, якщо бути чесним: погано. Після стількох років це було дивно. У домі стало тихіше, будні — спокійнішими, майже занадто спокійними. Бракувало чогось, що стало цілком природним: тих маленьких щоденних деталей, як шум у коридорі, голос із кімнати, коротка фраза на кухні.

У той час я радів, що не був сам. Моя дружина, Сільвіна, була поруч. Вона супроводжувала мене в ті дні, підтримувала, коли ставало важко, і знову й знову показувала мені, що життя триває. Уже саме відчуття, що не треба тягнути все самому, робило велику різницю.

І тоді, потроху, з'явилася інша думка: це теж частина життя.

Дітей виховують не для того, щоб утримувати, а для того, щоб вони могли піти. Саме в цьому й сенс, хоч як інколи боляче. Відпустити не означає, що це не важливо. Відпустити означає мати довіру: до того, що ти їм передав, і до життя.

Якщо я озираюся назад, було багато моментів, коли потрібно було відпускати: стосунки, місця, людей, роботи, ситуації. Часто це боліло, і щоразу з часом з'являвся простір для чогось нового.

Тут відбувається те саме. Серцю потрібен час, щоб пристосуватися, але воно зростає з кожною зміною.

Того вечора, наодинці у вітальні, повернулася та думка, яка супроводжує мене від початку цієї книги: Усе тимчасово.

Але, можливо, саме в цьому й краса. Коли ніщо не залишається, вчишся любити мить замість того, щоб намагатися її втримати.

Коли діти йдуть, любов залишається.

І цей біль теж тимчасовий.

Тихий новий початок

Переїзд мого сина означав початок нової фази не лише для нього, а й для нас удома. Для нього це був старт: власне життя, нове оточення, інше місто, власний дім, нові обличчя, навчання, що починається, суміш цікавості, хвилювання, свободи та невпевненості. Було відчуття гордості й водночас той тихий момент: ось тепер, справді, цей момент настав.

Перш ніж наш 19 річний син переїхав, ми з дружиною регулярно їздили до Дортмунда, щоб допомагати йому: робити ремонт у квартирі, збирати меблі, встановлювати кухню, фарбувати стіни, лагодити дрібниці. Ці поїздки тримали нас у тонусі, давали структуру цьому переходу. Ти ніби й далі був «усередині», мав завдання, і відчувалося: ми його супроводжуємо.

І раптом стало так: тепер він живе там, а ми живемо тут. Раптом стало більше простору, більше порядку, більше спокою, і саме це спочатку здавалося чимось дивним.

Це були не лише великі речі, а й маленькі. У передпокої раптом залишилося лише дві пари взуття. Увечері світло в домі частіше залишалося вимкненим. Уже ніхто не кликав із кімнати: «Можеш на хвилинку…?». Ніхто не заходив на кухню просто щоб швидко щось узяти й кинути жарт. Під час покупок пакети наповнювалися повільніше, чеки ставали коротшими, і водночас погляд зупинявся на інших речах. Ми купували інакше, думали інакше, планували інакше. Ці зміни відбуваються тихо, так що ти їх майже не помічаєш, аж поки раптом усвідомлюєш: ось таким тепер є наш новий щоденний побут.

Спочатку цей спокій інколи був приємним, а інколи мав у собі щось меланхолійне. Не щось погане, просто нове. Тиша, яка залишає місце для думок, для спогадів, для цього короткого погляду назад: пам'ятаєш, як було раніше?

З часом стало ясно: це теж новий початок. Не лише для сина, а й для нас. Час, який раніше майже автоматично був заповнений родиною, тепер потроху наповнюється інакше: прогулянками, розмовами, спільним спокоєм, більшим «ми».

І все ж родина не зникає, вона лише змінює форму. Із щоденного співжиття народжується інший спосіб бути разом. Із «підійди на хвилинку» це перетворюється на «подзвони на хвилинку». Із буднів народжується візит, на який чекають із радістю. Із близькості народжується довіра.

Іноді я дивлюся на місце, де раніше було більше життя, і думаю: як швидко все минуло. І тоді повертається гордість, бо те, що ми дали, тримає. Наш син іде своїм шляхом, а ми йдемо своїм. Можливо, це і є наступний крок: не менше родини, а інша форма родини. Тепер ідеться про те, щоб дивитися вперед, не чіплятися, а приймати. Залишатися відкритими до того, що прийде, до нового, до змін, до самого життя.

Я хочу проживати те, що дарує життя, якомога усвідомленіше: без поспіху, без бігу, бачити, відчувати, слухати, переживати. Так, щоб одного дня я міг озирнутися назад і подумати з усмішкою: так. Так було добре.

Навіть якщо це було лише тимчасово.

Шлях до першої книги

Моя перша книга «Мистецтво Він Чун» не була проєктом, який просто так узяв і з'явився.

Це був довгий шлях. Десять років роботи, сумнівів, пауз, нових початків, маленьких кроків і багатьох моментів, коли я запитував себе: чи воно взагалі цього варте?

Були періоди, сповнені енергії, безкінечних ідей, ентузіазму. Я сідав за стіл, писав, оформлював думки, планував розділи й відчував: це рухається вперед.

А потім приходили інші дні. Порожнеча в голові, рутина, що наступає на п'яти, і сумнів, який тихо шепоче: навіщо ти це робиш?

Іноді я писав перші рядки, читав їх наступного дня й викреслював усе. Бо раптом мені здавалося, що це звучить неправильно. Не так, як я хотів. Не так, як я відчував.

У той час я зрозумів одну важливу річ: натхнення не завжди приходить саме. Іноді воно приходить лише тоді, коли ти все одно сідаєш і працюєш, навіть якщо спочатку не виходить нічого.

Здаватися ніколи не було моїм, уже десятиліттями. Наполегливість є частиною мистецтва, так само як і техніка. І у письмі — також.

Сьогодні я тримаю «Мистецтво Він Чун» у руках, і коли озираюся на ті десять років, я не бачу лише виснаження. Я бачу розвиток. Я бачу шлях.

Це був процес, а не спринт. Подорож, яка сформувала мене як майстра, як людину й як автора.

І як усе в житті, і цей етап також не був нескінченним. Довгі години перед екраном, сумніви, повтори, виправлення — усе це минуло.

Можливо, саме в цьому й полягає найкрасивіше: що щось, на що потрібно було так багато часу, врешті стає реальністю.

Бо навіть зусилля минають, але те, що ми створюємо, може залишатися.

Це було важко. Це було повчально. **Це було тимчасово.**

Благословенний тим, що можу робити те, що люблю

Іноді людина дивиться на своє життя й питає себе, як усе дійшло до цього місця. Тоді повертаються початки: маленькі тренувальні зали, прості умови, дні, коли на занятті було лише жменька учнів.

Тоді Він Чун був передусім пристрастю. Більше серця, ніж плану. Йшлося про те, щоб тренуватися, розуміти, ставати кращим і передавати це велике бойове мистецтво.

Сьогодні, багато років потому, я відчуваю насамперед вдячність. І так, також трохи гордості. Не тому, що все було ідеально, а тому, що з чогось малого народилося щось справжнє. Із хобі вийшло покликання. Із ідеї — школа. А з учнів із часом — щось на кшталт родини: люди, які поділяють ту саму пристрасть і підштовхують одне одного.

І це теж тимчасове. Не в сенсі «закінчиться», а в сенсі того, що змінюється. Покликання рідко лишається точно таким самим. Воно зростає, стає тихішим або більшим, але залишається живим.

Сьогодні я веду тренування в залі, який ми побудували з любов'ю. Є діти, підлітки, дорослі, люди, які вже багато років зі мною, і люди, які щойно почали. Деякі приходять через спорт. Деякі — через самозахист. Деякі — тому що шукають структуру, спокій або впевненість у собі. І кожен приносить свою історію.

Я люблю ці моменти. Коли хтось робить щось уперше і раптом розуміє: «Я можу». Коли дитина, яка спочатку була сором'язливою, раптом стає сміливішою. Коли людина, яка довго була зломлена, знову випростовується. Коли хтось долає страх. Коли з'являється повага — до тіла, до меж, до інших.

Це не завжди гучно. Але це реальне.

І так, є також будні. Є дні, коли не хочеться. Є адміністрація, папери, проблеми, ремонти. Є учні, які йдуть. Є зміни. Є фази, у яких ти запитуєш себе, чи все це ще має сенс. Але саме тоді я згадую, чому я почав.

Тому що я люблю це.

Мені пощастило, що я можу заробляти на життя тим, що мене наповнює. Це не є чимось само собою зрозумілим. Багато людей щодня йдуть на роботу, яку вони не люблять. Вони рахують години. Чекають вихідних. Живуть за принципом: «Якось переживу». Я знайомий із цим. І саме тому я знаю, який це подарунок — прокидатися вранці й мати відчуття: я хочу туди піти.

Це не означає, що все завжди легко. Але це означає, що всередині є сенс.

Я також розумію, що це не гарантовано назавжди. У якийсь момент тіло перестане працювати так, як зараз. У якийсь момент зміняться обставини. У якийсь момент може бути так, що я більше не зможу робити все так, як сьогодні. Але поки можу, я хочу це цінувати.

Я хочу цінувати ці розмови після тренування, ці маленькі «дякую», ці моменти, коли я бачу, що я для когось щось змінив. Не як герой. А як людина, яка просто була поруч.

І так, я також пишу. Бо писання — це ще одна форма передавати. Я можу пояснювати те, що відчуваю. Я можу оформлювати думки. Я можу робити видимим те, що часто відбувається тихо.

Моє перше книжкове видання було про Він Чун. Це було логічно. Це було моє життя. А тепер я пишу про «Усе тимчасово». І я розумію: і те, й інше належить одне одному. Бо й у бойовому мистецтві все тимчасове: рух, напруга, удар, мить. І саме в цьому його краса.

Я вдячний за всіх людей, які супроводжували мене на цьому шляху. За учнів. За тренерів. За друзів. За родину. За кожен поштовх і за кожну критику. За кожну кризу. Бо все це зробило мене тим, ким я є сьогодні.

Я вдячний навіть за помилки. Бо вони показали, що я лише людина. І що саме тому я можу вчитися.

І якщо сьогодні я стою в залі й дивлюся, як тренуються люди, я інколи думаю: вау. Це почалося з маленької ідеї. І тепер це стало життям.

Мені пощастило. Я благословенний тим, що можу робити те, що люблю.

І я не хочу сприймати це як належне. Навчання й далі є на першому місці. Але писання допомагає мені впорядковувати, осмислювати і, інколи, також відпускати.

Коли озираєшся назад, ти бачиш не лише успіхи. Ти бачиш також удари, обхідні шляхи, важкі етапи. І саме вони сформували найбільше.

І поки народжуються ці рядки, знову стає ясно одне: і цей час, яким би прекрасним він не був зараз, одного дня стане спогадом.

Усе тимчасово. І, можливо, це найбільший подарунок.

Наступний розділ

Деякий час тому хтось поставив мені запитання: "Коли можна вважати твою книгу завершеною?"

Я усміхнувся, бо це запитання на перший погляд звучить простим, але таким не є. Коли щось справді завершене? Будинок, стосунки, етап життя, думка?

Найчесніша відповідь зазвичай така: ніколи повністю. Бо все змінюється, бо змінюємося ми самі, і тому що життя завжди приносить нові перспективи. Саме тому тут теж пасує ця фраза: Усе тимчасово, навіть відчуття «бути завершеним».

Коли писалися останні рядки, я зрозумів дещо: кінець рідко буває справжнім кінцем. Швидше це проміжна зупинка, мить, щоб озирнутися назад, глибоко вдихнути й дати пережитому подіяти.

Поки я писав, я не раз думав: це останній розділ. І тоді знову з'являлося щось: спогад, розмова, ситуація. І раптом з'являлася ще одна тема, яка теж належала сюди.

І все ж у якийсь момент треба ухвалити рішення: наразі завершено. Не тому, що більше нічого сказати, а тому, що час зробити паузу. Бо, як і в житті, у письмі також діє правило: кожній історії потрібне повітря.

Для мене ця книга не має бути «завершеним твором», який закривають і відкладають убік. Вона радше є діалогом між тобою і мною.

Можливо, читаючи її, ти думав про власний досвід. Можливо, згадав щось, що довго дрімало. Можливо, з'явилася думка, якою тобі хотілося б поділитися. Саме цього я і прагну:

щоб книга не зупинилася на останній крапці, а продовжилася всередині тебе. Тому — запрошення.

Якщо ти пережив історію, яка пасує до цієї теми, щось, що показало тобі, наскільки минущим може бути все, або мить, яка глибоко тебе зворушила, напиши мені. Можливо, лише кілька ключових слів. Можливо, маленьку історію. Можливо, лише одну думку. Із таких внесків може народитися том 2: збірка реальних моментів, із життя, від людей, як ти.

Я б прочитав ці тексти, відібрав би їх і на їхній основі створив би нові розділи, так само, як зробив це тут. І якщо ти цього хочеш, твоє ім'я може з'явитися в наступній книзі. Не як великий заголовок, а просто як знак того, що слова поєднують і що думки передаються далі.

Бо ця книга — не лише мій проєкт. Вона також є маленьким фрагментом спільного життя, вираженим у словах, переживаннях і почуттях.

Усі ми носимо всередині історії, які можуть допомогти іншим дивитися на життя легше. Іноді це дрібниці: фраза, погляд, зустріч. І раптом щось зрушується всередині.

Одна історія, яка дуже мене зворушила, прийшла від мого молодшого брата: Батько завжди був зайнятий, завжди думками на роботі. Маленький хлопчик підійшов до нього й запитав: «Тату, скільки ти заробляєш за годину?» Батько роздратувався й сухо відповів: «20 євро». Хлопчик пішов. Пізніше повернувся й тихо запитав: «Тату, ти можеш позичити мені 10 євро?» Батько нетерпляче сказав: «Навіщо вони тобі? Я ж нещодавно дав тобі кишенькові гроші». Хлопчик сказав: «Ці 10 євро в мене вже є. Якщо ти позичиш мені ще 10, у мене буде 20». Батько не розумів, куди він веде. Тоді хлопчик сказав: «Тоді я зможу купити одну годину твого часу».

Ця фраза залишається всередині. Бо вона проста. І бо вона показує, про що насправді йдеться врешті решт.

Якщо ти хочеш надіслати мені свої думки, ідеї або маленькі переживання, можеш зробити це електронною поштою на адресу: book@ml-publishing.com

Можливо, потім ти зустрінеш себе в наступній книзі, у розділі, натхненному твоїм життям. Бо ця книга насправді не закінчується тут. Вона продовжується в тобі, у мені, у всіх історіях, які ще хочуть бути розказаними. І найкрасивіше в усьому цьому — ось що: ми нагадуємо одне одному те, що справді важливо.

І цей фінал теж лише тимчасовий.

Довше, коротше

Іноді допомагає дивитися на життя не як на величезний суцільний блок, а як на багато невеликих відрізків.

Якщо бути чесними, наше життя складається з переходів: від одного етапу до іншого, іноді м'яких, іноді важких, іноді запланованих, іноді раптових, але зрештою це завжди зміна.

Народження, дитячий садок, початкова школа, середня школа, професійна освіта або університетське навчання, перша робота, друга робота, можливо, зміна професії, додаткове навчання, нові колеги, нові правила, нові турботи, нові можливості.

І те саме відбувається в особистому житті. Перші стосунки, другі стосунки, можливо, розрив, можливо, новий початок, можливо, велике кохання, можливо, також обхідний шлях, який болить, але зрештою зміцнює.

Потім є етапи, яких ніхто не бажає і які все одно приходять: хвороба, операція, справжній страх або просто момент, коли усвідомлюєш, що здоров'я — не гарантована річ.

Перша квартира, друга квартира, переїзд, новий дім, нові сусіди, нові маршрути, і також гарні речі: перша подорож, друга подорож, нові місця, нові спогади.

Якщо дивитися так, стає ясно: ніщо з цього не назавжди. Деякі речі тривають лише тижні, інші тягнуться роками, але навіть роки колись минають, і, озираючись назад, ми часто думаємо: це було «лише» етапом.

Я вважаю, що це одне з найважливіших усвідомлень у житті.

Бо коли ми всередині якоїсь ситуації, нам часто здається, що вона ніколи не закінчиться, байдуже, чи це щось хороше, чи щось складне. Хороше ми хочемо втримати, складне — щоб воно зникло негайно, але ні те, ні інше не працює.

Добре не триває вічно, а складне інколи відчувається вічним, але й воно минає. І те, й інше тимчасове.

І я кажу це не холодно й не байдуже, я кажу це як утіху, бо це дає простір, щоб дихати.

Якщо ти зараз проходиш через важкий момент, нагадай собі: це етап, а не все твоє життя.

І якщо ти живеш добрим етапом, нагадай собі те саме: це теж етап, насолоджуйся ним, будь присутнім, бо навіть хороше колись піде своїм шляхом.

Багато людей живуть так, ніби все остаточне. Суперечка перетворюється на катастрофу, помилка — на кінець світу, погана новина — на негайний страх перед майбутнім.

Але всі ми знаємо, що вже багато чого пережили.

Коли я дивлюся на власне життя, я бачу це дуже ясно. Були часи, коли я думав: цього неможливо витримати, а сьогодні це спогади. І були моменти такі прекрасні, що я хотів би їх заморозити, а сьогодні це образи в моїй голові, які зігрівають. Усе рухалося далі, етап за етапом.

Можливо, це добрий спосіб дивитися на життя: не щоб зробити його меншим, а щоб зробити його легшим.

Так народжується менше тиску. Не потрібно все контролювати, не можна все втримати, не можна всього уникнути, але можна жити усвідомлено.

Можна частіше запитувати себе: на якому етапі я зараз?, що важливо в цю мить?, що мені добре?, що ні?, що я можу змінити, а що ні?

І інколи достатньо однієї фрази, щоб відчути себе спокійніше: Це лише етап.

Коли ми дивимося на своє минуле, майже завжди розуміємо: чи був це гарний етап, чи важкий, зрештою це був «лише» етап, інколи довший, інколи коротший, але це ніколи не було всім життям.

І саме тому варто ставитися до моменту серйозно, але не робити його надто важливим, бо й цей момент тимчасовий.

Пара

У цій книзі я лише зараз, більш детально, згадую мою дружину Сільвіну, і на це є дуже зрозуміла причина. Усе, про що я писав до цього, належить минулому: думки, переживання, спогади, миті, які вже минули, один короткий кліп вічності.

Із Сільвіною все інакше. Це не спогад і не стара історія. Це — тепер. Поки пишуться ці рядки, воно живе, дихає, існує. І саме тому я не хотів ставити цей розділ поміж інших. Він тут, наприкінці, сам по собі, як те, що залишається. І, можливо, це вже говорить усе: недарма я зберіг її в телефоні як «Жінка мого життя», бо для мене це ім'я означає не лише романтику, а й прихід, спокій і це відчуття, що нарешті щось стає на своє місце.

Справжня пара проявляється не в ті дні, коли все легко. Вона проявляється тоді, коли життя випробовує.

Сільвіна прийшла в моє життя, коли багато вже було позаду. Багато прожито, багато винесено, і роки наодинці з моїм молодшим сином. Десять років я був батьком і матір'ю водночас. А потім була вона. І раптом з'явилася людина, яка бачила не лише мене, а й мого сина.

Коли стався аутинг, це був непростий шлях. Але Сільвіна була на нашому боці з першого моменту. Без вагань, без умов, із відкритим серцем і справжнім розумінням. Без запитань, без тиску, без «чому». Просто поруч. З любов'ю, зі спокоєм, із силою. У роки, починаючи з 2021, вона підтримувала нас у всьому, у чому могла, і часто прикривала мені спину. Вона дала мені той спокій, який був потрібен, щоб знову почати писати.

Ще за роки до нашого знайомства я почав працювати над «Мистецтвом Він Чун». Але я по-справжньому не просувався, бо мені бракувало саме цього: спокою. З нею це змінилося. Вона створила простір для моїх думок, дала мені працювати в тиші й розуміла, що творчості потрібен час. Без поспіху, без нетерплячості. Лише це тихе «зроби це».

Але наші стосунки будувалися не лише на словах. Був також піт і пил. Разом ми купили будинок віком 120 років, який потребував повної реконструкції. Дев'ять місяців роботи. Без вихідних, без свят, без Різдва. Поки інші насолоджувалися вільним часом, ми були посеред пилу. Фарба на руках, крепатура в руках.

Приблизно 90 % ми зробили самі: штукатурили, вирівнювали, фарбували, клали підлогу, зводили стіни. Часто до пізньої ночі. І Сільвіна ні в чому не відставала. Вона бралася до справи там, де інші вже здалися б.

Цей етап теж був важким. Але, як і все в житті, він був тимчасовим. Сьогодні ми живемо в затишному домі. І в кожній стіні, у кожній підлозі є наша спільна праця. Це відчувається як «ми прийшли». Для мене це і є справжня пара. Не великі слова, а дія. Не лише любов у хороші моменти, а єдність, коли стає важко.

І якщо ти, як і я, вже пережив кілька стосунків або невдалих шлюбів, не припиняй шукати. Я хочу вірити, що для кожної людини існує відповідна людина, хтось, хто тебе любить, доповнює, з ким можна рости й будувати щось разом. Можливо, не ідеально, але підходяще. Можливо, не гучно, але справжньо.

Можливо, ти зараз думаєш, любий читачу: «Як? А хіба з Сільвіною не тимчасово? Я думав, що все тимчасове».

І відповідь така: звісно, і з Сільвіною теж тимчасово. Як і все.

Просто є так: якщо все продовжуватиметься так, як досі, то спочатку один із нас двох має піти з цього світу, щоб можна було справді сказати, озираючись назад: «Це було тимчасово». І хай, сподіваюся, до цього ще багато десятиліть.

До того часу для мене це просто те, що має значення: бути разом, підтримувати одне одного, йти вперед разом, сміятися разом, жити разом якнайкраще, поки це можливо.

Я вдячний, що Сільвіна є частиною мого життя. Не тому, що вона завжди робила все легшим, а тому, що робила це більш реальним. Дякую, Сільвіно. За твій спокій. За твою силу. І за все те, що насправді неможливо описати словами.

Підсумкова рефлексія

Коли я озираюся назад і дивлюся на своє життя, я бачу радість і біль, успіхи й поразки, любов і прощання, як шлях, інколи вгору, інколи вниз, і все ж передусім я бачу одне: рух. Ніщо не залишалося таким, як було, і з плином часу я часто розумію, що це навіть було добре.

З роками я навчився не сприймати життя так серйозно, менше злитися через речі, які я не можу змінити, і більш усвідомлено насолоджуватися тим, що є зараз.

Усі ми є частиною цього великого потоку, який ми називаємо життям: інколи спокійного, інколи бурхливого, але завжди в русі. Ми не можемо його зупинити, ми можемо лише навчитися плисти разом із ним.

І якщо бути чесними, зрештою справді важливі не великі віхи. Важливі маленькі миті: погляд, сміх, фраза, сказана в потрібну мить, людина, яка поруч, рука на плечі, тихий момент, коли відчуваєш: цього достатньо.

Можливо, саме в цьому й полягає справжня сила: не прагнути контролювати все, не мусити боротися всюди, а розуміти, коли настав час відпустити.

І саме в цьому полягає сутність цієї книги і, можливо, самого життя: не сприймай усе так близько до серця, більше насолоджуйся, частіше залишайся в теперішньому, бо й цей момент тимчасовий.

Бо все тимчасове.

Анонс книги – Том 2

Том 2 перебуває на етапі планування.
Ось перші робочі назви.
Можливо, дещо ще зміниться, але напрям здається правильним.

• Сюзі Лапка
• Кульки
• Соціальні контакти
• Голка
• Хочеш піти зі мною на побачення?
• Королі смерті
• Фрателліні
• 80-ті роки
• Поштовх до початку: Він Чун
• Дженніфер Лопес
• Фрикадельки Бетті
• Раптом вітчим
• Робота у виїзних продажах
• Вітчим II

Подяки

Ймовірно, ніхто не пише книгу повністю наодинці. Хоча багато годин за письмовим столом можуть здаватися тихими й самотніми, така праця завжди народжується зі зустрічей, розмов, спогадів і людей, які трапляються на шляху.

Дякую тобі, Сільвіно, кохана. За твоє терпіння, розуміння і любов. Ти підтримувала мене в моменти, коли я сумнівався, дала мені спокій, який був потрібен, і була поруч без тиску, без умов, просто присутня. І оскільки ти так любиш читати, майже ніколи не лягаєш спати без книги, ти знову й знову могла дарувати мені свій читацький погляд. Саме це допомогло зробити цю книгу ближчою, яснішою і більш цілісною, більш людяною.

Дякую моїм дітям. Завдяки вам я так багато навчився терпінню, відповідальності й тому, що в житті справді важливо. Багато думок цієї книги народилися з моментів, які я прожив із вами; ви були і залишаєтеся моїм натхненням.

Дякую моїм друзям, моїм учням, усім супутникам на шляху й читачам. За розмови, запитання, мотивацію і, інколи, також за те, що ставили під сумнів. Кожна зустріч залишила слід, і багато з цих слідів присутні в цій книзі.

Особлива подяка Анні за вичитку тексту й її ясний погляд на деталі. Її мовна чутливість, любов до книг і її спокійна манера дуже добре вплинули на цю книгу.

Про автора

Маріо Лопес — підприємець, інструктор бойових мистецтв і автор. Уже багато років він присвячує себе Він Чун і роботі з людьми, які хочуть стати сильнішими — фізично, ментально й у повсякденному житті.

Як засновник Close Range Combat Academy він навчає не лише технікам самозахисту, а й передає цінності, які стоять за бойовими мистецтвами: повагу, дисципліну, витримку й усвідомленість.

Окрім бойових мистецтв, Маріо Лопес багато пише. У своїх книгах він поєднує особистий досвід, життєві історії та прості імпульси, які запрошують подивитися на речі легше й більш усвідомлено.

Його головне послання:

Усе тимчасово — і саме тому кожна мить є цінною.

Рекомендації для читання

The Explosive Art of Close Range Combat – Randy Williams.

Шість томів із прикладними застосуваннями, техніками та роздумами про Він Чун. (Wing Chun)

Close Range Combat Wing Chun – Randy Williams
Три томи, присвячені розвитку та поглибленню системи Він Чун.

Mi regalo para dejar de fumar de forma placentera – Peter Kruse
Легка, мотивувальна й без повчального тону.

Die Kunst des Wing Chun – Mario Lopez (Маріо Лопес).
Моя перша книга, з більш ніж 100 QR-кодами, які ведуть безпосередньо до відео. Ідеально для початківців, практиків просунутого рівня та інструкторів.

Дякую

Якщо ти дочитав до цього місця, я дякую тобі. Можливо, ти впізнав себе в деяких рядках, можливо, подумав про когось, можливо, усміхнувся в якомусь розділі або на мить замовк. Саме заради цього я й написав цю книгу.

Не для того, щоб сказати тобі, як ти маєш жити, а щоб нагадати: багато речей стають легшими, коли людина розуміє, що все змінюється.

Якщо ти зараз проходиш через важкий момент, я бажаю тобі сили й терпіння; і це теж мине. А якщо ти живеш хорошим етапом, я бажаю тобі насолоджуватися ним тут і тепер — з увагою й вдячністю, бо саме такі миті дуже швидко стають спогадами.

Бережи себе й не забувай час від часу просто бути присутнім.

Усе тимчасово.

Маріо Лопес

www.ingramcontent.com/pod-product-compliance
Lightning Source LLC
LaVergne TN
LVHW041929090826
845145LV00017B/2527

* 9 7 8 3 9 1 2 3 7 3 2 9 5 *